Geoffrey Hodson: Meditation
Einblicke in das große Geheimnis des LEBENS

Geoffrey Hodson

MEDITATION

Einblicke in das große Geheimnis
des LEBENS

EDITION
ADYAR

Übersetzung aus dem Englischen von Beatrice Flemming

Die englische Originalausgabe dieses Buches erschien erstmals im Jahre 1937. Der Übersetzung wurde die im Jahre 1953 im Theosophical Publishing House, Adyar, herausgegebene dritte Auflage zugrunde gelegt.

Die Herausgabe dieses Buches wurde ermöglicht durch die Unterstützung der „Theosophischen Gesellschaft in Deutschland".

2. Auflage 2008

© Aquamarin Verlag

Voglherd 1 • D-85567 Grafing

Umschlaggestaltung: Annette Wagner

Satz: Sebastian Carl

Druck: Bercker • Kevelaer

ISBN 978-3-89427-483-2

Gewidmet allen Strebenden

Inhalt

Vorwort

Geoffrey Hodson sagt mit Recht, dass sein vorliegendes Werk kein Lehrbuch ist. Ich bezweifle, dass es – außer bis zu einem genau begrenzten Grad – überhaupt ein Lehrbuch über die esoterische Philosophie geben kann. Obgleich es zweifellos gewisse Grundprinzipien gibt, welche von geistig Strebenden studiert werden können, so sind diese eben doch nicht mehr als bloße Grundlagen für jene Studien und Erfahrungen, die rein individueller Natur sind, sowohl für den Lehrer als auch für den Schüler. Kein wahrer Esoteriker würde auch nur davon träumen, ein Buch zur Schilderung dieser Studien und Erfahrungen zu schreiben, da er sich des nicht wiedergutzumachenden Schadens bewusst wäre, der einem solchen Tun unvermeidlich folgen müsste.

Geoffrey Hodson sucht in seinen »Meditationen« einige der oben erwähnten Grundprinzipien darzustellen, so wie er sie von seinen Lehrern erklärt bekam. Er konnte in einem der Öffentlichkeit zugänglichen Buch nicht mehr als dieses tun. Im Gegensatz hierzu müssen wir heute sehen, dass wir in Zeiten der ungezügelten okkulten Neugier leben, wo viele der Ansicht sind, man müsse bloß den Orient bereisen, um tief in die Tatsachen des esoterischen Wissens einzudringen, und wo unwissende Pfuscher leichtfertig Methoden über angebliche Yoga-Praktiken und interessante okkulte Leckerbissen veröffentlichen.

Der echte Yoga, das wirkliche spirituelle Wissen, ist immer nur für die Wenigen, welche während vieler Jahre voller Prüfungen und Leiden ihren Lehrer gesucht haben und täglich jede Einzelheit aus jener herrlichen Zusammenstellung esoterischer Grundsätze befolgen, die uns von der größten Lehrerin unseres Zeitalters, Helena Petrovna Blavatsky, gegeben wurden:

»Reines Leben, offener Sinn, lauteres Herz, reger Verstand, ungetrübter geistiger Blick, brüderliche Liebe für alle Wesen, Bereitwilligkeit, Rat und Belehrung zu geben und zu empfangen, treues Pflichtgefühl dem Lehrer gegenüber, williger Gehorsam gegenüber den Geboten der Wahrheit, sobald wir unser Vertrauen in den Lehrer gesetzt haben und glauben, dass er im Besitz der Wahrheit ist, mutiges Ertragen persönlicher Ungerechtigkeit, beherztes Sich-Bekennen zu den Grundsätzen, tapferes Verteidigen der ungerecht Angegriffenen, den Blick unverwandt gerichtet auf das Ideal menschlichen Fortschrittes und menschlicher Vervollkommnung, wie es das heilige Wissen beschreibt – das sind die goldenen Stufen, die der Lernende erklimmen möge, um einzugehen in den Tempel der göttlichen Weisheit.«

Dies sind wahrhaft die goldenen Stufen, welche der Strebende erklimmen muss, um sich der Einweihung in die Herrlichkeiten der ewigen Wissenschaft des Lebens würdig zu erweisen.

In unseren Tagen können solche Ideale wohl nur als ein »Rat zur Vollkommenheit« bezeichnet werden, denn es gibt nur sehr wenige Menschen, die ihre Lebensweise im Lichte eines so hohen Maßstabes auch nur einer Prüfung unterziehen wollen. Da aber zur Befriedigung eines von den Nichtigkeiten der profanen

Philosophien ermüdeten Gaumens jetzt etwas Belebendes nach Art des Okkultismus notwendig ist, stürzt man sich gierig auf die Oberflächlichkeiten bestimmter Körperstellungen, Atemmethoden und Umwandlungen von Zeitgedanken in ihre ewigen Gegenstücke und betrachtet all dies als Offenbarungen von Yoga – die Kinder spielen mit ihren Spielzeugen.

Glücklicherweise bringt Geoffrey Hodson uns auf die Erde herab, zu der im Verlaufe unseres täglichen Lebens zu leistenden praktischen harten Arbeit, welche notwendig ist, wenn wir unsere Füße auf den Pfad des esoterischen Wissens setzen wollen.

Er macht uns klar, dass wir beginnen können, Esoteriker zu sein, wo immer wir uns befinden, was immer wir tun und wie sehr wir auch in die Trivialitäten, ja selbst in die Niedrigkeit des materiellen Lebens verstrickt zu sein scheinen. Er sagt uns, dass der Geschäftsmann ebenso gut fähig ist, den Geistigen Pfad zu betreten, wie der Einsiedler, und dass wir die Welt erfüllen müssen, wenn wir sie erobern wollen – ihre Eroberung aber ist der Triumph des Yogi.

Bevor wir davon träumen dürfen, die Esoterische Lehre als solche zu studieren, müssen wir in den Kindergarten gehen, wo dem eifrig Studierenden das Wesen des reinen, einfachen Lebens und der wirklichen Ordnung der Dinge, das Gesetz und der Zweck des Lebens sowie die grundlegenden Wahrheiten des Daseins enthüllt werden. Ein Yogi ist ein Träger des Gesetzes des Lebens, ein Auswirkender und Botschafter dieses Gesetzes, denn durch Yoga hat er gelernt, dieses Gesetz zu verkörpern. Zuerst muss er daher eine tiefe Einsicht in die Natur des Gesetzes gewinnen, nicht wie es in herkömmlicher Weise verstanden wird, sondern wie es wirklich ist, und zwar mit Hilfe derer, welche selbst schon Eingeweihte des Gesetzes geworden sind.

Der Anfang, der Weg und das Erreichen des Zieles sind in der Tat schwer. Aber nichts ist des Besitzes wert, was nicht um einen hohen Preis erkauft wurde, und dies gilt besonders im Falle der Herrlichkeiten der Theosophie. Nur die, welche auszuharren vermögen, welche nicht durch Schwierigkeiten oder Niederlagen überwältigt werden können, welche kein Hindernis als unübersteigbar, kein Opfer als zu groß, keine Mühsal als zu schwer zu ertragen ansehen, sind würdig, den „Vorhof des Tempels der Weisheit" zu betreten. Denn ehe sie für den inneren Hof bereit werden, müssen sie spirituelle Athleten, Kenner der alldurchdringenden Weisheit und selbstlose Verwalter der Kraft des ewigen Gesetzes geworden sein.

George S. Arundale

Einleitung

Dieses Werk ist nicht als ein Lehrbuch gedacht, das vollständige Ausführungen über seinen Gegenstand darbietet. Es besteht aus einer Zusammenstellung von Gedanken, die im Geist des Verfassers aufstiegen, während er sich bemühte, die Wahrheit gewisser spiritueller Lehren nachzuweisen.

Wie der Titel andeutet, war die Methode dieser Versuche die einer Meditation, in der die Aufmerksamkeit auf Grundbegriffe der esoterischen Wissenschaft konzentriert wurde, mit dem Bestreben, sie in lebendige Erfahrung zu übertragen. Der Verfasser bittet, aus diesen Schilderungen, insbesondere was Schülerschaft und Initiation betrifft, keine Schlüsse auf seine geistige Stellung zu ziehen. Es ist möglich, durch Meditation und geistiges Streben Kenntnis von Entwicklungsstufen zu gewinnen, die noch in der Zukunft liegen. Der Strebende versucht mit Bedacht, sich den vor ihm liegenden Pfad sichtbar vorzustellen, um ein Vorwissen von den Höhen zu gewinnen, die er später zu ersteigen hofft.

Im Falle des Verfassers waren solche inneren Visionen häufig von einer Flut erleuchtender Vorstellungen begleitet. Er bietet dieses Buch in der Hoffnung zur Veröffentlichung dar, dass

15

es anderen als Ausgangspunkt für ähnliche Entdeckungsreisen dienen kann.

Geoffrey Hodson

1. Kapitel

Der Pfad des beschleunigten Sieges
Das vergeistigte Leben
Die Entdeckung der Wahrheit

Der Mensch ist ein selbstbewusstes Wesen, und als solches besitzt er die Kraft, sich einer spirituellen Disziplin zur Beschleunigung seiner Entwicklung zu unterziehen. Er kann sein Ziel schneller erreichen, wenn er die Prinzipien, welche das normale Wachstum regieren, bewusst in intensiverer Form anwendet.

Der Vorgang besteht darin, dass der Mensch immer mehr, und schließlich ununterbrochen, in seinem Denken und Fühlen, in seinen Motiven und seiner Lebensführung alles das betont, was in ihm spirituell ist, während er in ergänzender Weise aus diesen vier Aspekten seines persönlichen Lebens alles ausscheidet, was zu dem spirituellen Ideal in Widerspruch steht. Dies macht die Einrichtung eines Systems unaufhörlicher mentaler und emotioneller Selbstbeobachtung und Selbstkorrektur notwendig.

Eine solche systematische Selbstzucht verursacht in dem Neophyten zuerst eine Verstärkung seiner Konflikte. Alles Materielle in seiner Natur widerstrebt dem vergeistigenden Prozess und versucht, sich seiner mentalen Beherrschung zu entziehen. Der Schlüssel zum Erfolg liegt deshalb in der Bemeisterung des Denkens, und auf diese Aufgabe muss der Strebende alle seine Energien verwenden. Er wird gut daran tun, soweit wie möglich die Impulse und Einflüsterungen seiner Gefühlsnatur und die Forderungen seines Körpers unbeachtet zu lassen und sich auf die Beherrschung seines Denkens zu konzentrieren.

Die Bemeisterung des Verstandes erfordert, dass man das Bewusstsein aus Gefühl und Handlung in den Intellekt zurückzieht, bis die Fähigkeit zu rein mentaler Wahrnehmung entfaltet ist. Das Interesse am Leben sollte zunehmend intellektueller und spiritueller Natur werden, aber der spirituelle Zustand schließt dann die veredelten und beherrschten Gemütsbewegungen ein. Arbeit, Studium und Erholung müssen intellektuell und spirituell gestaltet werden, bis der Suchende lernt, in seinem Denken zu leben und sein Leben durch seinen Intellekt zu beherrschen und zu leiten. Als Folge verfeinert und läutert sich sein persönliches Leben. Ernst und Askese werden seine Lebensführung kennzeichnen, Zurückhaltung und Würde seine Sprache und Haltung. Dennoch wird er dabei warmherzig und gütig bleiben und stets bereit sein, seinen Mitmenschen zu helfen. Besonders wird er darauf bedacht sein, ihnen auf dem Pfad zum beschleunigten Sieg Beistand zu leisten.

Diesen allgemeinen Methoden der Vergeistigung müssen sich systematisch ausgeführte spirituelle Übungen anschließen, welche bezwecken, einerseits den Brennpunkt des Bewusstseins im höheren Verstand zu festigen, andererseits die mentale Beherrschung der Lebensführung zu stärken und zu erhalten sowie auch die Fähigkeit des abstrakten Denkens zu entwickeln. In einer späteren Zeit muss der Strebende das intuitive Bewusstsein entfalten und sich dadurch für das Erreichen der höchsten Selbstverwirklichung, jener des spirituellen Willens, vorbereiten.

Die erforderlichen Übungen bestehen aus dem inneren Studium ewiger Wahrheiten mittels Meditation und Kontemplation. Einige dieser Wahrheiten werden in den späteren Kapiteln dieses Buches behandelt.

Diese und andere Wahrheiten sind die Grundlage aller Religionen der Welt, und der Suchende wird darum zu ihrem Studium hingeleitet. Er muss beim Studium inspirierter exoterischer Lehren Denkkraft und Intuition anwenden, um ihre esoterische Bedeutung zu erfassen. Durch dieses Verfahren wird er eine sich stets vergrößernde Menge von Vorstellungen über spirituelle Wahrheiten sammeln, welche er dann methodisch in echte Wirklichkeiten für sich umwandeln muss. Er muss sich zu einem »Kenner« der Wahrheit entwickeln.

Dies wird durch unermüdliche Experimente erreicht, deren Art bei jedem Menschen verschieden sein wird. Die Methode, die göttliche Weisheit aus den Schriften der verschiedenen Religionen herauszuschälen, besteht darin, dass man sich mit jeder Darstellung einer Wahrheit mental eingehend beschäftigt, bis ihre wesentlichen Bestandteile klar zutage treten. Diese werden dann in tiefer Meditation betrachtet, bis man ihre volle Bedeutung erfasst und die Form ihrer Anwendung auf das tägliche Leben entdeckt hat.

Dies erfordert mentale Anstrengung. Man muss sein Denken dazu bringen, mit nie wankender Konzentration auf dem erwählten Gegenstand zu verharren, in der Absicht, ihn bis zu seinem inneren Kern zu durchdringen. Der Erfolg ist möglich, weil die Wahrheit im Bewusstsein jedes Menschen verborgen ruht. Dadurch, dass die Wahrheit, die er sucht, im Strebenden gegenwärtig ist, vermag er sie im Gegenstand seiner Meditation zu erfassen. Durch das Studium der äußeren Ausdrucksformen der Wahrheit wird er zur Entdeckung der Wahrheit in sich selbst geführt.

2. Kapitel

Gehirn und Körper
Schlaf und reine Nahrung
Geordnetes tägliches Leben
Reinheit des Körpers
als Erfordernis für spirituelles Wachstum
Meditation
Zirbeldrüse und Hypophyse

Da das Gehirn eine überaus wichtige Rolle für die Erfassung der Wahrheit während des Wachbewusstseins spielt, muss der Praktizierende sowohl die Funktionsweise als auch die Entwicklung des Gehirns verstehen. Wenn die im vorhergehenden Kapitel erwähnten Meditationen mit Ausdauer durchgeführt werden, verändern sie allmählich den Zustand des Gehirns. Die Tätigkeit seiner Zellen wird verstärkt und die Fähigkeit seiner Reaktion auf Schwingungen verbreitert. Die Atome, aus denen es besteht, werden dadurch, dass sie durch die konzentrierte Gedankenkraft gezwungen werden, Energie, Leben und Erkenntnisse aus übermentalen Bewusstseinsebenen zu übertragen, stärker belebt.[1]

Das gesamte Gehirn wird durch die Meditation über abstrakte und spirituelle Wahrheiten einer Anspannung unterworfen, und der Schüler muss große Sorgfalt anwenden, um es in seiner Begeisterung nicht zu verletzen. Leichter Schmerz oder Mattigkeit ist eine Warnung, dass die Anspannung sich dem Gefahrenpunkt nähert, an dem eine bleibende Schädigung möglich ist. Beim Auftreten eines solchen Zeichens sollte die Meditation unterbrochen oder ihre Form gewechselt werden. Die den Schmerz erzeugende Methode sollte unter äußerster Vorsicht experimentell geprüft werden. Das Ausbleiben von Schmerz zeigt die Gefahrlosigkeit einer Übung an.

Die Schulung des Gehirns eines geistig Strebenden muss während des Wachbewusstseins praktisch ununterbrochen vor sich gehen. Wenn eine zu große Lockerung der Kontrolle und ein zu tiefes Absteigen in grobes und materielles Denken erfolgt, wird nicht nur der Schulungsprozess des Gehirns verzögert und die Anstrengung während der Meditation fast erfolglos gemacht, sondern es entsteht sogar ein Einfluss in der entgegengesetzten Richtung. Seine Fähigkeit, auf Schwingungen zu reagieren, wird eingeengt und die Entwicklung der Atome verlangsamt.

Das Gehirn muss als ein zartes und äußerst kostbares Instrument angesehen werden, welches durch seine Berührung mit der äußeren Welt und die Arbeit in ihr fortwährend stumpf wird und darum immer wieder neue Schärfung benötigt. Dies wird erreicht durch Meditation, Gedankenbeherrschung, sorgfälti-

---

1 Nach der esoterischen Wissenschaft entwickeln sich die Atome; und ihre Entwicklung wird dadurch, dass der Mensch sie gebraucht, beschleunigt. Vgl.: »Eine Studie über das Bewusstsein« von A. Besant.

ge Ausschaltung von Denkgewohnheiten, welche die spirituelle Wahrnehmung verringern, durch geordnetes, ruhiges Leben und richtige Nahrung. Alle Fleischnahrung verunreinigt den Blutstrom und stumpft das Gehirn ab. Sie vermehrt auch die Neigung zu groben Gedanken und Gefühlen. Frische Früchte und Gemüse – besonders Rohkost – reinigen die Blutströme und vitalisieren Körper und Gehirn.

Weisheitsschüler des Westens, welche die Praxis der Meditation mit Regelmäßigkeit und Ernst aufnehmen, benötigen dazu als Ergänzung ausreichenden Schlaf. Während der Schlafstunden erholt sich das Gehirn von der Anspannung der täglichen Tätigkeiten und wird dadurch fähig gemacht, immer vollkommener auf die Resultate der Meditation zu reagieren. Darum ist während dieses Schulungsvorganges viel Ruhe notwendig, besonders in den ersten Stadien, und ein frühes Zubettgehen ist dringend anzuraten. Reizmittel, die ein ermüdetes Nervensystem zur Fortsetzung seiner Arbeiten befähigen sollen, sind schädlich. Ein systematisch geordnetes tägliches Leben macht ihre Anwendung überflüssig.

Die täglichen Tätigkeiten müssen sinnvoll geplant und so angeordnet werden, dass sie eine direkte Beziehung zu dem Ziel der Selbsterkenntnis und Erleuchtung haben. Handlungen, die nicht diesem Zweck dienen, müssen unterbleiben.

Die Umgebung des Anfängers wird ihn vielleicht zuerst daran hindern, sich mit diesen Notwendigkeiten in Einklang zu setzen. Aber während seines Fortschreitens wird er entweder eine andere Umgebung erhalten oder sie wird seinen geistigen Bedürfnissen angepasst werden. Dieser Vorgang mag langsam erscheinen, doch er wird sich vollziehen, und zwar im genauen Verhältnis zu dem Grad der Umwandlung in seinem Inneren. Die Umgebung eines Menschen enthält alles das, was seine entwicklungsgemäße Schulung erfordert. Der Mensch, welcher spirituell erwacht und sich immer rascher und inniger mit dem Leben in Einklang bringt, wird bemerken, dass seine Umgebung sich rasch verändert. Seine Lebensumstände werden mit zunehmender Treue den Zustand und die Erweiterung seines Bewusstseins widerspiegeln.

Die das Gehirn betreffenden Gebote beziehen sich auch auf den ganzen Körper. Er muss ebenfalls innen und außen rein gehalten werden. Sein Magnetismus soll durch häufiges regelmäßiges Baden, öfteren Kleidungswechsel und ein reines, natürliches Leben geschützt und geläutert werden, selbst in einer unreinen und unnatürlichen Umgebung. Die Hände und die Füße sind jene Körperteile, welche am empfänglichsten für äußere magnetische Unreinheiten sind. Sie sind sozusagen magnetische Mündungen – Eingangspforten in das magnetische System des Körpers und gleichzeitig Austrittstore aus demselben. Man kann beim Händereichen durch die Berührung der eigenen Hand mit der eines anderen willentlich einen Strom von segnendem Magnetismus in diesen Menschen leiten. Der Gruß eines spirituellen Menschen muss aufrichtig und von einer positiven Absicht getragen sein. Aufrichtige und positive Haltung ist eine der bedeutendsten Sicherungen im geistigen Leben.

Das Gehirn kann als der Makrokosmos und der Körper als der Mikrokosmos angesehen werden, denn in jeder Körperzelle ist Gehirnleben gegenwärtig, wird Gehirnbewusstsein geoffenbart und mittels Gehirnenergie zum Ausdruck gebracht. Umgekehrt werden alle Funktionen, Handlungen und Erfahrungen des Körpers durch das Medium der Sinne im Gehirn reflektiert. Unreinheit des Körpers – ob durch Lebensführung oder mangelhafte Sauberkeit – hat einen hemmenden Einfluss auf die Höherentwicklung des Gehirns und trübt seine Schärfe. Außer seiner Funktion als das spezifische Organ der Intelligenz ist das Gehirn auch der Sitz des Ego-Bewusstseins. Es ist der physische Logos des Körper-Sonnensystems und befindet sich in ständiger Wechselwirkung mit ihm. Daher die Notwendigkeit gewissenhafter, aufmerksamer Sorge für die Reinheit und das Wohlbefinden des Körpers.

Okkulte und andere Praktiken, die den Körper in abnorme Funktionszustände zwingen, die bestimmte Organe oder Glieder über- oder unempfindlich machen, bringen zerstörende Wirkungen auf Körper und Gehirn hervor. Harmonie, Rhythmus, Leichtigkeit, Gleichgewicht und Anmut sind die Eigenschaften, zu denen der geistige Sucher seinen Körper erziehen sollte.

Wenn der Körper so geschult und das Gehirn sensitiv gemacht worden ist, dann ist der Weg für das Herabsteigen und die physische Manifestation des Ego-Bewusstseins gebahnt. Das Licht des höheren Verständnisses beginnt die Dunkelheit des persönlichen Intellektes zu erhellen, und der Mentalkörper entwächst seinen charakterlichen Eigenschaften, nämlich dem Mangel an Elastizität sowie der Neigung zu Analyse, Kritik und Egoismus. Diese werden durch geistige Aufgeschlossenheit, konstruktives Urteil und Vereinigungsstreben ersetzt.

Diese Wandlung im Mentalkörper ist wiederum für die Entwicklung des Gehirns von Wichtigkeit, denn jeder Zustand in dem einen Bewusstseinsorgan wird auch in dem andern widergespiegelt. Das Gehirn und das Intelligenz-Zentrum im Mentalkörper können als der negative und der positive Brennpunkt in der Ellipse des persönlichen Bewusstseins betrachtet werden. Veränderungen in dem einen erscheinen sofort auch in dem anderen, die Vervollkommnung des einen ist ohne die des anderen unmöglich. Im Zustand des Wahnsinns und nach dem Tod ist das mentale Leben in hohem Grad subjektiv, weil ihm der negative Pol fehlt.

Der Weg zur höchsten intellektuellen Erleuchtung führt vom Gehirn zum Mentalkörper, von dort ins Ego-Bewusstsein und dann weiter aufwärts und nach innen durch die Intuition zum spirituellen Willen. Von dort führt er – beim Adepten – aus der individuellen in die universelle Sphäre, wo er der gleichen allgemeinen Richtung weiter ins kosmische Bewusstsein folgt.

Die Aufgabe, die vor einem Menschen liegt, welcher bereits seinem Körper, Gehirn und Verstand die bestmögliche Aufmerksamkeit und Fürsorge erweist, besteht darin, ein gewisses Maß von wachem Selbst-Bewusstsein in sich zu begründen und es an Umfang und Beständigkeit fortwährend zu verstärken. Er sollte sein Denken unablässig in das Reich der Ur-Prinzipien erheben, die Gewohnheit erringen, alle intellektuellen Tätigkeiten zu der Ebene der höheren Vernunft emporzutragen und der Neigung widerstehen, das Denken von Einzelheiten gefangennehmen zu lassen.

Die Meditation über die ewigen Wahrheiten wird allein nicht zum Erfolg führen, sie muss durch eine standhafte und immer erfolgreichere Anstrengung unterstützt werden, den Geist während der Zeiten zwischen den Meditationen im höheren Bewusstsein festzuhalten. Die Haltung des Einzelnen zu einer Handlung, die Gemütsbewegungen mit in sich schließt, wird ganz davon bestimmt werden, was für eine Wirkung sie auf sein Bemühen hat. Gemütsbewegungen, welche das Denken ablenken und den Körper erregen, müssen konsequent vermieden werden. Solche, die eine vollere und freiere Art des Selbstausdruckes herbeiführen, wie reine Liebe, Sympathie, religiöse Hingabe und Schönheitsempfinden, sollten zur höchsten Ausdrucksfähigkeit entfaltet werden, bis das Gefühlsleben aus ihnen allein besteht, wobei ihnen ihr Platz von dem durch die Vernunft wirkenden Willen zugewiesen wird.

Auch bei diesen Bestrebungen spielt das Gehirn mit seinen verschiedenen Teilen und Organen eine Rolle von überragender Bedeutung. Das Gehirn ist die Wohnstatt des individuellen Selbstes im inkarnierten Menschen. Es ist das innere Heiligtum im Tempel des Körpers. Alle seine Zellen sind von dem Erkenntnis-Aspekt des individuellen Selbstes durchdrungen. Jedes Molekül ist mit seiner Energie geladen, deren Grundschwingung oder Frequenz die des Denkens ist. Im Verhältnis zu dieser gedanklichen Beseelung des Gehirns ist die Gegenwart der beiden anderen Aspekte des dreifältigen Selbstes von bloß untergeordneter Bedeutung. Daher ist das ganze menschliche Gehirn ein Träger des erwachenden individuellen Ich-Bewusstseins, und seine Abteilungen entsprechen den Facetten des Juwels des menschlichen Erkenntnisvermögens, also den verschiedenen Eigenschaften des konkreten und abstrakten Verstandes.

Die Zirbeldrüse und die Hypophyse sind im Gehirn die Brennpunkte, durch welche sich das individuelle Bewusstsein in erster Linie offenbart. Von ihnen breitet sich das Bewusstsein über das ganze Gehirn in Form von Energiewellen verschiedener Frequenz aus, je nach Art des Denkens. Im gewöhnlichen Menschen besteht die Fähigkeit der Zirbeldrüse aus konkretem Denken, mit gelegentlichen Ausdehnungen in das abstrakte Denken, während die Hypophyse Gemütsbewegungen übermittelt, mit gelegentlichen Ausdehnungen in die Intuition.

Im entwickelten Menschen dringt die Intuition durch das Erkenntnisvermögen herab und wird durch dasselbe gedeutet. Sie erreicht das Gehirn durch die Zirbeldrüse. In dem Maß, in dem die Intuition sich entfaltet, wird das konkrete Denken allmählich in das Unterbewusstsein abgedrängt, es verbindet sich dort mit den Emotionen und erreicht das Gehirn durch die Hypophyse.

Die Entfaltung des Bewusstseins wird von einer parallel verlaufenden organischen Entwicklung des Gehirns begleitet, die auch eine Erweiterung des Bereiches der Schwingungsempfänglichkeit dieser beiden Drüsen mit sich bringt. Ihre positive und negative Polarität wird infolge ihrer wachsenden Tätigkeit als Empfänger und Übermittler stärker ausgeprägt, so dass eine unmittelbare Wechselwirkung – in elektrischen Begriffen ein magnetisches Feld – zwischen ihnen entsteht. Die dritte Gehirnkammer wird in dieses Feld eingeschlossen und vervollständigt den Aufbau eines dreifachen Mechanismus für die Offenbarung des dreifältigen Selbstes durch das Gehirn.

Eine embryonale ätherische Öffnung in der vorderen Fontanelle, die im normalen Menschen mit ätherischem Stoff ausgefüllt ist, wird durch die Ausstrahlungen aus dieser Schädel-»Maschine« allmählich klargefegt. Wenn dieser Kanal eröffnet ist, macht er eine neue und direkte Verbindung zwischen dem höheren Selbst und dem Gehirn möglich, sozusagen einen Abkürzungsweg zwischen dem Bewusstsein und seinem Werkzeug. Der normale Weg läuft durch die mentale, astrale und ätherische Hülle, die Hypophyse und die Zirbeldrüse. Jede von diesen muss dabei als eine Relais-Station dienen, welche die Botschaften empfängt und übermittelt und bei diesem Vorgang in verschiedenem Grade modifiziert. Das Selbst des entwickelten Menschen aber manifestiert sich unmittelbar im Gehirn und

durch das Gehirn über die Fontanelle und die dritte Gehirnkammer.

3. Kapitel

Die vier Triaden und ihre Entsprechungen
Die sieben Töne und ihre Ausdrucksformen
Der Tempel der Natur

Aus dem abschließenden Teil des vorigen Kapitels ist zu ersehen, dass durch gewisse Zentren im Gehirn das Symbol des Dreiecks gebildet wird, und zwar entspricht die Spitze der vorderen Fontanelle, während die unteren Ecken durch die Zirbeldrüse und die Hypophyse dargestellt werden. Dieses Dreieck ist in der physischen Materie des Kopfes eine Nachbildung von drei überphysischen Triaden, welche alle wiederum Widerspiegelungen der dreifältigen Natur des Höchsten sind. Diese drei Triaden sind erstens das Mental-, Astral- und Vitalitätsprinzip, zweitens das Erkenntnisvermögen, die Intuition und der Wille und drittens der Schöpfer-, Erhalter- und Umwandler-Aspekt des Höchsten, widergespiegelt in der menschlichen Monade. Diese drei ergeben zusammen mit den Kopfzentren vier Triaden. Jede gleichartige Ecke in den vier Triaden symbolisiert und verkörpert den gleichen Aspekt des Höchsten, während zwischen ihnen allen durch Entsprechungen oder Harmonien eine enge Beziehung besteht. Auf diese Weise ist das Höchste im Niedersten, das Unsterbliche im Sterblichen, das Leben durch die Form und das Bewusstsein durch seine Träger manifestiert.

Das Gehirn ist der Torweg, durch welchen das Bewusstsein von seinem niedersten bis zu seinem höchsten Ausdruck hindurchgehen muss. Jedes der drei überphysischen Dreiecke ist gleichfalls ein Torweg. Alle müssen daher studiert werden. Alle Prinzipien des Menschen müssen verstanden und ihre Wechselbeziehungen erkannt werden.

Diese Prinzipien sind im gewöhnlichen und im entwickelten Menschen verschieden. Im gewöhnlichen Menschen strömt nur jenes Minimum an Kraft, das für die Erhaltung der Gesundheit und Leistungsfähigkeit des physischen Körpers nötig ist, zwischen den vier dreifältigen Manifestationen des All-Einen auf und nieder. Das Ausmaß der Kraft vermehrt sich mit der fortschreitenden Entwicklung sowohl des Einzelnen als auch der Rasse, so dass auch das normale Durchschnittsmaß selbst sich mit jeder aufeinanderfolgenden Zeitepoche verändert.

Im entwickelten Menschen liegt das Ausmaß der Kraft weit über dem Normalen, und die Wechselbeziehungen zwischen seinen Prinzipien sind enger und daher offenkundiger. Im gewöhnlichen Menschen offenbart sich die höchste Triade, die monadische, kaum. Die nächste, die Ego-Triade, ist nur schwach manifestiert, der Mensch lebt im niederen Selbst und weiß nur wenig von der Existenz des höheren. Der entwickelte Mensch beginnt das abstrakte Erkenntnisvermögen sowie die Intuition in sein Wachbewusstsein einzubeziehen und entfaltet allmählich auch den spirituellen Willen. Das neue Entwicklungsfeld, welches seinem Bewusstsein nun eröffnet ist, dehnt sich aus und schließt diese dreifältigen Funktionen ein. Schließlich beginnen auch seine monadischen Kräfte – Kräfte, welche die unmittelbar widergespiegelten Aspekte des Höchsten sind – sich zu zeigen, sobald sein entwickeltes Gehirn auf ihre Energien zu reagieren anfängt.

Diese Erweiterung des Bewusstseins und Entwicklung des Gehirns wird durch die schon erwähnte Übung der Meditation und durch die Kunst der Kontemplation erreicht oder dadurch, dass man in Versenkung bei und in den höchsten Wahrheiten der Natur verweilt.

Die Kontemplation besteht vor allem darin, das Denken fest auf einen Aspekt der Wahrheit zu richten, auf eine Eigenschaft der Göttlichkeit. Durch Meditationsübungen geschult, ist der Verstand des entwickelten Menschen stetig geworden und darum fähig, sich unter Ausschluss alles Übrigen auf eine einzige Vorstellung zu konzentrieren. Wenn die gewählte Vorstellung zu den ewigen Wahrheiten gehört, welche unerschöpfliche Kräfte sind, wird das Bewusstsein durch die Berührung mit ihr automatisch erhoben und erweitert. Die mentale Anstrengung hört dann auf, und der Verstand wird ruhig. Der Meditierende tritt bewusst in eine aus einer einzigen Vorstellung bestehenden Welt ein, in ein von einer einzigen Ursache bewegtes Universum. Er schlägt an und hört nur einen einzigen Ton im Akkord des Lebens. Er lauscht dann diesem Ton, und lauschend wird er zu dem Ton, zu seinem Klang und seiner Resonanz.

Das Universum ist siebenfältig, die Töne seines Akkordes sind sieben an der Zahl; jeder Ton stellt zugleich eine besondere Art der Offenbarung des Höchsten dar und eine ewige Wahrheit. Wenn der Strebende jeden Einzelnen dieser sieben Töne in Kontemplation betrachtet, erlangt er eine Identifizierung mit je einem siebten Teil des Ganzen und versenkt sein Bewusstsein darin. Er schlägt nacheinander die sieben Töne an, lauscht in der Meditation auf einen jeden und taucht in jedem unter. Schließlich wird er durch jeden einzelnen zum ganzen, zum siebenfältigen Menschen, der bewusst eins mit dem siebenfältigen Universum ist. Dies ist das Ziel der Kontemplation.

Die sieben Töne werden verschieden beschrieben. Der erste und der siebte sind das Alpha und das Omega des geoffenbarten Lebens; sie sind das Erste und das Letzte, der Mittelpunkt und der Umkreis, der alles umfasst. Der erste Ton ist die uranfängliche Quelle, der Anfangspunkt, die positive Kraft des Universums. In ihm wird das Licht der kosmischen Sonne durch die Linse des außerhalb des Universums stehenden Geistes in einem Brennpunkt gesammelt. Im Universum ist er Kraft, im Logos ist er Allmacht, im Menschen ist er Wille.

In der Kontemplation werden diese drei als eins erkannt. In der Kontemplation kann selbst der Anfangspunkt erkannt werden und durch diesen Punkt der außerhalb des Universums stehende Geist und die kosmische Urquelle; denn das Eine, das innen ist, und das Eine, das außen ist, sind eins. Die Verwirklichung dieser Einheit ist das Ziel.

Der siebte Ton ist der erste in seiner letzten Ausdrucksform – in Handlung umgesetzte Kraft, in Bewegung umgesetzter Wille und manifestierte Allmacht. Der relativ statische Mittelpunkt ist zum aktiven Kreis geworden, doch die zwei sind eins. Im Universum ist der siebte Ton der physische Stoff – die Sonne, die Globen und alle sich auf ihnen entwickelnden Dinge. Im Logos ist er das Universum. Im Menschen ist er der physische Körper. Die spirituelle Einheit ist in der Manifestation zur materiellen Vielfältigkeit geworden. Weil das Wissen von den Vielen zur

Erkenntnis des Einen führt, wird der Mensch in die vielfältigen Ausdrucksformen des Einen hineingestellt, damit er durch sie das Eine finden und erkennen möge. Aus dem Einen geht er hervor – unbewusst alles anderen außer dem Einen – in die Vielen hinein. Aus den Vielen kehrt er mit individuellem Bewusstsein zu dem Einen zurück.

Der zweite und der sechste Ton stellen das Leben und seine Ausdrucksformen dar; sie sind ebenfalls Gegenstücke. Das Leben ist alles durchdringend, allgegenwärtig, das vereinigende Prinzip des Universums, die spirituelle Sonne. Seine Ausdrucksform ist als das Vitalitätsprinzip in der Materie, als das belebende Prinzip in der Natur und als die physische Sonne lokalisiert. Im Universum ist der zweite Ton das Leben, im Logos ist er Allgegenwart, im Menschen ist er Liebe, im entwickelten oder spirituellen Menschen ist er Weisheit.

Der sechste Ton ist im Universum Form, Gestalt, organisierte Materie. Im Logos ist er sein Universum-»Körper« mit dem Feuerherzen der Sonne. Sein Leben spendendes Prinzip erscheint als rosige Flamme und auf der Erde als ein in rosigem Licht glühendes Atom. Im Menschen bedeutet er, auf ein einziges Ziel ausgerichtet zu sein, im entwickelten Menschen erleuchtete Hingabe.

Auch der dritte und der fünfte Ton stellen zwei einander ergänzende Eigenschaften dar. Der dritte ist das Wechselspiel zwischen Geist und Stoff, Leben und Form. Die Grundgesetze, welche die Offenbarung von Geist und Leben durch Materie und Formen regieren, die Archetypen aller daraus entstehenden Formen, die Wahrheit und die Schlüssel der Erkenntnis, alle diese sind im dritten Ton eingeschlossen.

Im Universum ist der dritte Ton durch den universellen Geist gelenkte Energie; hierbei ist die Energie sein äußerer und der universelle Geist sein innerer Ausdruck. Im Logos ist er das passive weibliche Prinzip, der Mutterschoß, in dem alle Formen empfangen und aus dem alle geboren werden. Im Menschen ist er Gewissen und Idealismus, Sittlichkeit und Wahrheit; im entwickelten Menschen erscheint er als umfassendes Verstehen und abstraktes Erkenntnisvermögen.

Der fünfte Ton ist der Ausdruck des Ewigen in der Zeit, die sich fortschreitend entfaltende Form eines einzelnen Archetypus. Im Universum ist er der Entwicklungsprozess, das ewige Werden. Im Logos ist er die Zeit. Im Menschen ist er das Gehirn und der analytische Verstand. Im entwickelten Menschen wird er gleichsam zu einer kristallenen Linse, durch welche die Grundeigenschaften des dritten Logos projiziert und als Erleuchtung, Genialität und Inspiration in das Gehirn konzentriert werden.

Der vierte Ton ist die Mitte, der Angelpunkt, der Drehpunkt, der feste Ruhepunkt, der tiefste Punkt im Schwingen des Lebenspendels zwischen den drei ursprünglichen Gegensatzpaaren. Er ist der Zustand einer vollkommenen Beziehung, ein Zustand des Gleichgewichtes, der höchsten Kunst des Selbstausdruckes, der Harmonie zwischen dem Leben und der Form, zwischen dem Bewusstsein und seinem Träger. Er ist der Ruhepunkt, in welchem das Pendel des manifestierten Lebens in seinem immerwährenden Schwingen zwischen Geist und Stoff eine scheinbare Pause macht. In dieser »Pause eines Augenblicks« von Stetigkeit und vollkommenem Gleichgewicht offenbart sich die Schönheit des Höchsten.

Im Universum ist der vierte Ton die Schönheit der Natur. Im Logos ist er das Selbst der Schönheit. Im Menschen wird er Liebe zum Schönen. Im entwickelten Menschen ist er die Fähigkeit, die Schönheit des Höchsten wahrzunehmen und nachzubilden.

Der essenzielle Charakter des vierten Tons ist Dunkelheit, Stille und Gleichgewicht, gleich der schöpferischen Nacht vor der schöpferischen Morgendämmerung. Physisches, mentales und spirituelles Keimen erfordert die Bedeckung mit dem Mantel der Dunkelheit. So geschieht es auch bei der Schaffung eines Kunstwerkes. Der Künstler zieht sein Bewusstsein aus dem Licht des Tages in die Dunkelheit der schöpferischen Nacht in seinem eigenen Inneren zurück, in die ausgeglichene Stille, in welcher seine Schöpfung empfangen wird. Der schöpferische Künstler in jedem Kunstzweig muss Gleichgewicht erlangt haben. Dies ist das Gesetz der Schöpfung – ob eines Universums, eines Sonnensystems, eines Planeten, eines Menschen oder eines menschlichen Kunstwerkes.

In dieser Stille wird jene wahre Vision oder Innenschau erlangt, ohne welche alle Kunst ohne Leben ist. Nur wenn der Künstler sie gefunden hat und in sie eingetreten ist, wird das Feuer des Genius sich in seiner vollen pfingstlichen Kraft auf ihn herabsenken.

Weise in der Tat ist derjenige, welcher durch Kontemplation dieses siebenfältige Universum kennt und versteht – die sieben großen Töne, einzeln und als Akkord. Er kennt sie dann als die sieben Schlüssel des Lebens, welche alle Pforten zur Wahrheit öffnen – zur Wahrheit, die im Tempel der Natur als Heiligtum bewahrt ist.

Der Mensch steht in der Mitte des Weges zwischen tierhaftfleischlicher Schöpfung und dem schöpferischen Willen, er ist ein Sendbote des großen Schöpfers zu den untermenschlichen Reichen der Natur. Aufgabe des Menschen ist es, die niedrigeren Formen zu einer eigenen Ebene emporzuheben. Was im Tempel der Natur verborgen ruht, wird im Menschen geoffenbart; ihre siebenfältigen Eigenschaften sollten in ihm ihre höchste Entfaltung erlangen. Er sollte die Majestät und Kraft der Natur zeigen, ihre Einheit, ihre verborgene Seele, ihre Schönheit und Beständigkeit, ihr geheimes Wissen, ihr unwiderstehliches Drängen nach Selbstvervollkommnung und die Empfänglichkeit ihrer Formen für die Kraft des inneren Selbstes. Ihre Eigenschaften müssen in immer steigender Vervollkommnung die seinen werden, denn das ist der entwicklungsgemäße Pfad, welchen die Natur ihn führt.

4. Kapitel

Leben und Form
Der Weg nach oben
Ältere und jüngere Brüder

In der Natur ist die Form dem Leben untergeordnet, und so sollte es auch beim Menschen werden. Er muss von innen heraus leben und mehr die Erfüllung des Lebens suchen als die Verewigung der Form. Die Form ist die Dienerin des Lebens, aber in der Welt, in welcher der Strebende lebt, hat man das Leben der Form untergeordnet. Das Leben ist trotzdem alles besiegend, und die Form muss, so stark sie auch sein mag, schließlich vernichtet werden. Diese Vernichtung bringt jenen Leid, welche ihr Vertrauen allein in die Form gesetzt haben. Dem aber, der gelernt hat, auf das Leben zu bauen, ist das Leid fremd, denn er hat das Geheimnis des Glückes gefunden. Da er eins mit dem Leben ist und dem Leben vertraut, teilt er dessen Freiheit und kennt dessen Seligkeit. Schmerz gehört den Formen an. Leiden ist unvermeidlich für jene, die unter der Herrschaft der Formen stehen, denn die Formen müssen, da sie vergänglich sind, unvermeidlich dahinschwinden; da sie sterblich sind, müssen sie eines Tages vergehen. Das Leben ist ewig dauernd, unsterblich; jene, die ihr Vertrauen auf das Leben setzen, werden den Tod überwinden und ewige Seligkeit gewinnen.

Leben und Form sind jedoch in Wirklichkeit keine Gegner. Sie sind zwei Aspekte des Einen, aus welchem sie beide hervorgehen. Dadurch, dass er beides erfährt und verstehen lernt, findet der Mensch seinen Weg zu dem Einen. Diese Vollendung ist das Ziel des menschlichen Lebens.

Leben und Form sind die beiden Pfeiler des Torweges, welcher zur Wohnstatt des Höchsten Einen führt. Zwischen ihnen und sie verbindend liegt jener Weg, den man sich konkret als eine Straße vorstellen kann, welche die Füße aller beschreiten müssen. Sogar die höchsten Götter sind diese Straße gewandert, jene sieben hohen Geistwesen, in welchen die sieben Töne oder Seinsweisen am vollkommensten geoffenbart worden sind. Selbst der Höchste Eine hat die Freuden und Mühsale dieser Straße erfahren – vor langen, fernen Zeiten, in Universen, die jetzt zu Staub zerfallen sind.

Reife und unreife, zivilisierte und kultivierte Menschen, Genies und Propheten, Weise und Heilige scharen sich auf der Straße, die zum ewigen Leben führt, und nähern sich immer mehr der Pforte der Befreiung von den Paaren der Gegensätze, die das Ziel ist. Jenseits dieser Pforte weilen die »gerechten, vollkommen gewordenen Menschen«, die Adepten, die spirituellen Könige in der Wohnstatt des Höchsten. Man kann diesen mächtigen Wesen auch auf der Straße selbst begegnen, wenn sie freiwillig in die Einkerkerung des Lebens in Formen zurückgekehrt sind, um der strauchelnden Menschheit, ihren jüngeren Brüdern, zu helfen, sie zu heilen, zu leiten und zu inspirieren. Aber obwohl sie sich unter der langsam emporklimmenden Menge bewegen, werden sie von den Menschen nur selten erkannt; denn die an die Verschiedenheiten und Teilungen der Offenbarungsformen des Einen gewohnten Augen der Menschen sind blind für das Licht jener, welche in der Einheit wohnen. Doch die Großen werden von jenen Menschen wahrgenommen, die begonnen haben, die Einheit inmitten der Verschiedenheit, das Leben innerhalb der Formen zu erkennen und dieser Einsicht gemäß zu leben. Die Vollkommenen halten immer nach jenen Ausschau, in denen diese Einsicht aufdämmert, nach jenen, welche sich bemühen, den »Pfad« zu beschreiten, und die daher bereit sind, ihre Hilfe anzunehmen.

Im gegenwärtigen Zeitalter sind spirituell gesinnte Menschen zahlreich vorhanden. Dadurch, dass sie sich zu Dienern ihrer Zeitgenossen machen, werden sie näher zu den älteren Brüdern gezogen. In dieser Zeit wird der Schleier zwischen der äußeren Welt der Formen und der inneren Welt des Lebens immer dünner. Erleuchtete Menschen beginnen, diesen Schleier zu durchdringen und in die Welt des Lebens einzutreten. Die Vollkommenen bemerken dieses Eindringen, sie segnen und inspirieren ihre jüngeren Brüder, wenn diese sich dem inneren Reich nähern, in welchem sie wohnen. Das Vorrecht der Gemeinschaft mit vollkommen gewordenen Menschen konnte immer von solchen Menschen errungen werden, welche fähig waren, die Einheit von allem, was lebt, die Tatsache der universalen Bruderschaft zu erkennen und ihr Leben in Übereinstimmung mit dieser Wahrheit zu bringen. Allen jenen, welche ihre Gemeinschaft suchen und sich sehnen, der Menschheit unter ihrer Führung zu dienen, rufen die älteren Brüder in der Tat zu:

»Erhebt Euch! Erwacht! Werdet die Götter, die ihr seid! Lebt als Götter, rein, selbstlos und stark!«

»Der Gott, der ihr in der wirklichen Welt seid, leuchtet dort in makelloser Reinheit, er strahlt selbstlose Liebe aus und beginnt, jene Stärke zu entfalten, welche die Verheißung der Allmacht ist.«

»Inmitten der Unreinheit der Welt seid rein! Inmitten der Selbstsucht der Menschen dient! Inmitten der Schwachheit der Menschen seid stark!«

»Durch solches Leben werdet ihr die Pforte zum ewigen Leben finden. Durch solches Dienen werdet ihr uns finden, die wir leben, um zu dienen. Durch solche Stärke werdet ihr unsere Stärke empfangen, die wir Pfeiler im Tempel des allmächtigen Gottes geworden sind.«

»Schlafend und wachend wird unsere Kraft euch durchfluten für den Dienst der Welt. In unserem Namen und durch unsere Kraft werdet ihr zu Heilern der Welt werden, zu Tröstern in ihren Nöten und zu Inspiratoren jener, die fähig sind, auf das Ideal eines vollkommenen Lebens und auf die Gegenwart vollkommener Menschen zu reagieren.«

»Eure Welt ist euer Erntefeld. Eure Mitmenschen sind seine Garben. Eure Aufgabe ist es, diese Garben einzusammeln, damit der göttliche Sämann, der sie ausgesät hat, nicht Menschen, sondern Götter als Ernte in sich aufnehmen kann.«

»Lebt so, dass alle, die euer Leben sehen, danach trachten, eurem Leben nachzueifern! Dient so, dass jene, die euch dienen sehen, auch ihrerseits dienen mögen! Seid so kraftvoll, dass alle, die eure Stärke sehen, Niederlagen in Siege umzuwandeln vermögen!«

»Von solcher Art sind unsere Lebensregeln. Gehorsam gegen sie wird euch uns näherbringen. Jeden von euch erwartet ein äl-

terer Bruder, um aus jedem von euch einen Erlöser der Welt zu
machen.«

5. Kapitel

Der Weg in die Freiheit
Meisterschaft

Die Welt ist ein Gefängnis, und das Herz des Menschen ist die Gefängniszelle, in welche seine Seele eingekerkert ist. Durch das vergitterte Fenster der Sinne schaut die Seele in den Gefängnishof und sucht nach einem Entkommen. Für viele ist die Stunde der Freiheit aber noch nicht gekommen, denn sollten auch die Riegel zurückgeschoben und die Tore aufgeschlossen werden, so harren draußen noch grimmige Wächter, die den Weg versperren. Begierde, Leidenschaft, Sinnlichkeit, Hinterlist, Habgier, Selbstzufriedenheit, Egoismus, Hass und Stolz – das sind die einkerkernden Mächte. Sie sind wahrhaft grimmige Wächter, denn ihre Existenz hängt von der Einkerkerung der Seele ab. Deshalb setzen sie ihrer Vernichtung heftigen Widerstand entgegen. Gegen sie anzukämpfen, vermehrt jedoch nur ihre Stärke, denn die ihnen von der gefangenen Seele gewidmete Aufmerksamkeit ist die Quelle ihrer Lebenskraft.

Der Weg des Entkommens wird nicht durch Kampf mit diesen Mächten errungen. Der Weg in die Freiheit führt nicht nach außen, durch die Tore des Gefängnisses, welches dadurch entstanden ist, dass die Seele sich den Fehlern und Lastern des niederen Selbstes ergeben hat. Der Weg führt hinweg von äußerem Kampf und Streit zum inneren Frieden. Der Gefangene muss nach innen entfliehen. Er muss aufhören, durch das vergitterte Fenster der Sinne in den Gefängnishof hinauszustarren, wo nur die Hindernisse zu finden sind, die seiner Freiheit entgegenstehen, und er muss aufhören, seine Laster durch direkten Angriff zu bekämpfen. Statt dessen muss er alles Denken von ihnen abwenden und sich auf die ihnen entgegengesetzten Tugenden und Kräfte konzentrieren. Auf diese Weise wird er in sich selber den Weg finden, er wird in einen höheren Bewusstseinsbereich eingehen und dort auf wunderbare Weise seine Freiheit erlangen.

Diesen Weg findet und beschreitet man durch die Übung der Selbstbeherrschung, durch Reinheit des Lebens, durch ernstes Streben, Idealismus und Selbstaufopferung. In Gegenwart der Reinheit erstirbt das Verlangen. Reine Liebe vernichtet die Leidenschaft, besiegt jedes Übel und befreit jene, in denen sie erblüht. Von solcher Art ist der Weg der Befreiung aus dem Gefängnis der materiellen Welt, aus der Marter der Versuchung, aus der Sklaverei der Sinnlichkeit und der Einkerkerung durch Hass und Gier.

Dieser Weg steht allen offen. Jede befreite Seele ist ihn gewandert. Er wird der Pfad der Rasiermesserschneide, der Pfad der Heiligkeit oder der direkte und der schmale Weg genannt, und »wenige sind es, die ihn finden«. Nahezu zweitausend Jahre sind dahingegangen, seit diese Worte gesprochen wurden. Während dieser Zeit ist die Menschheit vorangeschritten. Viele Menschen erkennen jetzt den Weg des Entrinnens, aber sie verharren – freiwillig oder durch die Macht der Gewohnheit – in der Gefangenschaft und ordnen sich freiwillig der Herrschaft des Verlangens unter. Sie sind die Blinden, welche nicht sehen *wollen*; diese sündigen weit mehr als die jüngeren Seelen, die *für den Ruf der Freiheit noch nicht erwacht sind.*

Viele Seelen empfinden jetzt eine göttliche Unzufriedenheit; Sinn und Bedeutung derselben aber wird noch nicht verstanden. Die Menschen halten dieses unaussprechliche Sehnen des inneren Menschen irrtümlich für ein Verlangen der Sinne, ein physisches Begehren, und suchen seine nagende Pein dadurch zu stillen, dass sie sich noch tiefer in Ausschweifungen stürzen. Sie sind noch nicht imstande, es als ein Zeichen zu erkennen, dass sie im Begriff stehen, den Freuden, durch die sie bisher unterjocht wurden, welche die Spielzeuge der Kinderzeit ihrer Seele waren, zu entwachsen.

Das spirituelle Jugendalter der Menschheit ist aber jetzt erreicht und erfordert radikale und positive Wandlungen. Das Sich-gehen-Lassen muss weiser Askese und die Sinnlichkeit ernster Strenge gegen sich selbst Platz machen. Selbstsüchtige Motive müssen durch Uneigennützigkeit und Philanthropie ersetzt werden. So tritt man in das spirituelle Jugendalter. So wird der zur spirituellen Reife führende Pfad gefunden und beschritten.

Auf diesem Pfad sind jene vollkommenen Menschen gewandelt, welche die spirituellen Herrscher der Welt, die wahren Lehrer der Menschheit sind. Sie sind im Willen, in der Liebe und im Wissen vollendet, und sie offenbaren diese drei Eigenschaften des Höchsten in vollkommener Weise.

6. Kapitel

Der Wille des Meisters
Seine Liebe
Sein Wissen
Seine Arbeit

Die unwiderstehliche Kraft des Willens eines Meisters entspringt den innersten Tiefen seines Wesens, dem eigentlichen Mittelpunkt seines Seins. Darin ist er eins mit dem höchsten Willen, mit jener Macht, die das ganze Universum durchdringt. Diese immanente, allem zugrunde liegende Kraft ist Energie im Ruhezustand; sie ist die Seele der Kraft, nicht Kraft selbst, sondern das, wodurch alle Kraft existiert, ein Grundprinzip, in welchem alle nach außen strömende manifestierte Kraft enthalten ist. Ihr Wesen ist Stille, Dunkelheit, Schweigen. Sie ist das Fundament, auf dem die materiellen Welten erbaut sind, die äußerste und letzte Festigkeit gebende Kraft im Universum, die *eine* unerschöpfliche Quelle aller Stärke. Eins mit ihr wird der Adept zum verkörperten Willen.

Diese Quelle existiert in jedem Menschen. Durch Meditation kann sie gefunden werden. Wer den Pfad zur Freiheit finden und betreten will, muss über diesen Quell von Kraft und Stärke in seinem eigenen Inneren meditieren. Durch Kontemplation darüber wird er Kraft und Stärke finden, nicht als persönlichen Besitz, sondern als Ausströmung des universellen Kraftquells. Dann wird in ihm der *eine* Wille geboren werden, die Meisterkraft, die Schlüsselkraft sowohl des Universums als auch des Menschen.

Der Strahlenkranz der Liebe eines Meisters beruht auf der Tatsache der Einheit des Lebens. Diese Liebe ist unabhängig von der Zeit, unbeeinflusst durch den Raum und von keiner Form begrenzt. Sie ist der Ausdruck eines ewigen Prinzips, eine grundlegende Eigenschaft der Natur des Seins. Sie ist vollkommen verwirklichte Einheit.

Solche Liebe ist anstrengungslos und unwandelbar, außer dass sie fortgesetzt zunimmt und sich vertieft. Sie wird weder persönlich gegeben noch persönlich empfangen. Sie *ist.* Sie strömt unaufhörlich aus dem innersten Wesen des Meisters als göttliche Segnung auf alles Lebendige. Diese Liebe verlangt keine Vergeltung; solches ist ihrer Wesensart fremd. Das Sonnenlicht kehrt nicht zur Sonne zurück, der Fluss strömt nicht zu seiner Quelle zurück, das Wasser eines Brunnens fließt nicht in diesen zurück. Das Herz des Meisters ist wie eine Sonne, wie eine Quelle, wie ein Brunnen ewiger Liebe. Er selbst ist einem Strom der Liebe gleich, der aus der inneren Quelle in den Ozean des manifestierten Lebens fließt.

Seine tiefe Zuneigung weckt in dem ihn Verehrenden die gleiche ewige Liebe. Er verbindet den menschlich Liebenden mit der Quelle von Leben und Liebe; so wird ein ständig nach außen fließender Liebesstrom durch ihn gelöst.

Der Meister ist eins mit dem Leben; er ist nicht ein Spender von Leben, denn dieses würde eine Dualität bedeuten; er *ist* Leben, und jede seiner Handlungen ist ein natürlicher und vollkommener Ausdruck seiner Identität mit dem Leben. Fast könnte man sagen, dass der Meister selbst gar keine Existenz hat, sondern aufgehört hat, ein Ego zu sein und nur mehr ein Kern der universellen Zelle, ein Proton des kosmischen Atoms ist. Er ist identisch mit dem Leben, wesensgleich mit dem Leben, nicht so sehr ein Einzelwesen als vielmehr ein verkörpertes Prinzip. Darum zeigt er die Eigenschaften des Lebens in vollkommener Unmittelbarkeit. Liebe ist seine Natur und sein innerstes Wesen. Er ist und verkörpert alle Liebe.

Der Lehrsatz »Gott ist Liebe« ist buchstäblich wahr, denn Liebe ist manifestierte Einheit. Einheit ist ein ewiges Prinzip, eine grundlegende Urwahrheit. Wenn das Prinzip der Einheit sich durch die universelle Intelligenz manifestiert, wird es zur universellen Liebe. Einheit, die sich durch den menschlichen Geist manifestiert, ist die Grundlage wahrer menschlicher Liebe. Einheit ist eine spirituelle, nicht eine materielle Wahrheit, denn in den Zuständen der Materie ist die Einheit zur Vielfältigkeit geworden, zu ihrem reflektierten Gegenstück. Geistige Liebe beruht auf geistiger Einheit und nicht auf stofflicher Vereinigung.

Die Geschichte der Entwicklung des Menschen kann in Perioden der Liebe geschrieben werden. Der Mensch steigt von der Stufe der körperlichen Verbindung und des Verlangens, die das Tier und den primitiven wilden Menschen kennzeichnet, empor auf die Stufe des verhältnismäßig zivilisierten Menschen, auf welcher sich das Denkvermögen den Erfahrungen der Liebe beigesellt. Auf dieser Stufe besteht die Notwendigkeit physischer Vereinigung noch weiter. Darüber liegt jene Stufe, auf welcher zuerst eine geistige Erleuchtung auf das persönliche Bewusstsein herabdämmert und eine höhere innerlichere Liebe empfunden, aber noch nicht voll zum Ausdruck gebracht wird. Die Notwendigkeit zur physischen Vereinigung wird schwächer, aber kameradschaftliches gemeinsames Leben bleibt noch notwendig. Jenseits dieser Stufe liegt der Bereich der reinen geistigen Liebe, die auf der unmittelbaren Erkenntnis der Einheit beruht, einer Liebe des Lebens selbst.

Diese Endstufe vollkommener Liebe wird nach der vollkommenen, versöhnenden Vereinigung mit dem Leben erreicht. Der einzelne Mensch wird zu einer Verkörperung des Prinzips der Einheit. Er liebt alle Dinge aus ihrem Inneren heraus, und er lebt unausgesetzt seine geistige Einheit mit ihnen. Dies ruft eine spirituelle Ekstase hervor, die, wenngleich sie individuell ist, doch völlig unpersönlich und rein ist. Sie verlangt weder Berührung noch Gemeinschaft, vielmehr Einsamkeit zu ihrem vollen Erleben.

Von solcher Art ist die Liebe des Meisters. Sie ist eine Beschaffenheit, nicht eine Tätigkeit, ein Zustand des Bewusstseins, nicht ein Tun, ein fortgesetztes Erleben ununterbrochener Ekstase, welche an Intensität zunimmt, indes die Jahrhunderte vergehen und der Zustand der absoluten Einheit über Zeit und Raum näherkommt. In diesem Zustand verweilt der Logos des Sonnensystems, denn dies ist die Liebe Gottes, der zweite Aspekt des Höchsten, die absolute Liebe.

Die allumfassende Erkenntnis des Meisters ist in keinem Sinn ein individuelles Besitztum. Die Individualität ist für ihn zu einem zarten Schleier geworden, der so fein ist, dass er eine freie Verbindung mit der einen Individualität des Universums gestattet, und so elastisch, dass er das Ganze einschließt. Weder sein

Erkenntnisvermögen noch sein mentales Denkwerkzeug ist sein Eigentum, denn für ihn gibt es nur *eine* Erkenntnis, *einen* großen Geist. An diesem hat er teil, von diesem erkennt er sich als Teil.

Vermöge seiner Fähigkeit, sich mit allem mental zu identifizieren, steht ihm alles Wissen zur Verfügung. Vermöge dieser Einheit sind die geistigen Verwirklichungen und spirituellen Errungenschaften aller Wesen, die auf seiner Ebene oder unter derselben stehen, vollkommen sein eigen. Das tiefere, größere Wissen jener, die in der Entwicklung über ihm stehen, steht ihm ebenfalls in dem Maß zur Verfügung, in welchem er sich zu ihrem Bewusstseinszustand erheben und ihren höheren und feineren Einklang mit dem universellen Geist in seinem Inneren wiederzugeben vermag.

Diese umfassende kosmische Intelligenz enthält sozusagen oder besteht aus Schichten der Erkenntnis; das Denken der einzelnen Individuen tritt in immer tiefere Schichten ein, während die Entwicklung fortschreitet. Je höher die Entwicklungsstufe des Individuums, desto tiefgründiger wird sein Verstehen.

Das Wissen des Adepten umfasst auch jene Prinzipien, auf denen das Universum mit all seinen vielfältigen Erscheinungen aufgebaut ist, jene grundlegenden Wahrheiten, welche die Schlüssel zu aller Erkenntnis liefern. Der Gebrauch des richtigen Schlüssels eröffnet sofort das benötigte Wissen und macht ein fast augenblickliches Verständnis jedes beliebigen Aspektes des universalen Lebens verfügbar – sei es im Kleinsten, wie bei einem Atom, einer Zelle oder einem Infusorium, oder im Großen, wie bei einem Planeten oder der Sonne.

So hält der Adept den Schlüssel zur vollkommenen Erkenntnis jedes Zweiges der Wissenschaften in seinen Händen, und er ist in diesem Sinne allwissend. Nicht, dass er alles Wissen, alle Tatsachen in seinem Bewusstsein trüge, aber diese sind ihm augenblicklich erreichbar, sei es, dass sie zeitweilig im Denken eines Menschen enthalten sind, wie eine neue wissenschaftliche Entdeckung, ein neues Prinzip im Staatsleben oder in der Kunst, sei es, dass sie in jenem noch größeren Geist ruhen, in dem alles Wissen – Vergangenheit, Gegenwart und Zukunft – enthalten ist.

Die Schlüssel des Wissens kann man sich als grundlegende mathematische Gleichungen vorstellen, als Formeln des Naturgesetzes, als abstrakte Darstellungen der geometrischen Prinzipien, auf denen das Weltall aufgebaut ist, wie zum Beispiel das Verhältnis des Durchmessers zum Umfang des Kreises. Sie sind jedoch nicht bloße algebraische Gleichungen oder Formeln. Sie sind Gleichungen des Lebens, die auf jede Stufe des Wachstums bezogen werden können und ebenso für den Samen wie für die ganze Pflanze und ihre Frucht, für die Keimzelle ebenso wie für den vollendeten Organismus gelten. Sie sind Ausdrucksformen der ewigen Wahrheit und stehen daher über aller Veränderung, obwohl sie diese einschließen. Sie offenbaren nicht nur Anfang, Reife und Vollendung, sondern Ganzheit.

Außer dem Besitz dieser Schlüssel der Erkenntnis und der Fähigkeit, sie zu gebrauchen, hat der Adept auch Allgegenwart erlangt. Dies schließt seine Fähigkeit ein, den Brennpunkt seiner Aufmerksamkeit willentlich auf jeden beliebigen Teil des Sonnensystems richten zu können. Er ist so imstande, über jeden Gegenstand, über den er die Kenntnis von Einzelheiten zu haben wünscht, unmittelbare Beobachtungen anzustellen. Außerdem ist er, da er die Einheit verwirklicht hat, buchstäblich eins mit der Quelle des Seins und des Lebens in allen Dingen. Er ist daher imstande, das durch äußere Beobachtung erlangte Wissen durch ein von innen geoffenbartes Verständnis zu ergänzen.

Das Wissen des Meisters ist daher vollständig; es enthält die Kenntnis aller äußeren Erscheinungen und die Wahrnehmung der verborgenen Lebensvorgänge, welche die Quelle des Wachstums sind. Er ist der Meister-Wissenschaftler, das Vorbild jedes Forschers nach der Wahrheit. Was er vollbracht hat, wird der Wissenschaftler der Zukunft vollbringen, denn obgleich der Fortschritt der führenden Wissenschaftler unserer Tage groß ist, so schürfen sie doch tatsächlich erst an der Oberfläche der Physik und der Astronomie, der Chemie und der Biologie, der Physiologie und der Psychologie, an der Oberfläche der Wahrheit, wie der Adept sie kennt.

Der Adept teilt das von ihm Errungene mit allem Lebendigen auf Erden. Er stellt seine Kraft, seine Liebe und sein Wissen allen zur Verfügung. Seine Arbeit besteht zum Teil darin, das Allgemeine in das Besondere zu übertragen, die Macht, die Weisheit und das Wissen des Höchsten in eine immer inniger werdende Beziehung mit jenen Naturreichen zu bringen, die in ihrer Entwicklung unter ihm stehen.

In Ausdrücken der Energie ist jeder Adept ein Transformator freier Kraft, der diese in einem gebundenen Zustand an die Welt verteilt. Er führt diese Arbeit auf Bewusstseinsebenen aus, die jenseits des Verstandes liegen. Jede der drei Arten der göttlichen Energie, die sich als Kraft, Weisheit und Erkenntnis manifestieren, hat ihre zugehörige Bewusstseinsebene, auf welcher man mit ihr in ihrem reinen Zustand in Verbindung treten und sie von da in die darunterliegenden Welten übertragen kann.

7. Kapitel

Das Wesen der Adeptschaft

Der Adept lebt vollbewusst in einem Zustand der Zeitlosigkeit. Er ist durch nichts bedingt und daher frei. Wenn er es wünscht, kann er in den Zustand der Ewigkeit eintauchen, der relative Vergessenheit bedeutet, und die Zeit und die zeitlichen Dinge hinter sich lassen. Dadurch, dass er das Universum, in welchem er seine Freiheit gewann, aufgibt, vermag er bewusst in jenes Unbedingte einzutreten, aus welchem er einst unbewusst hervorgegangen ist.

Obwohl der vollkommen gewordene Mensch die Freiheit besitzt, sich einen solchen Daseinsverlauf zu wählen, ist doch sein Erbarmen für die Welt so stark und seine Einheit mit allem Lebendigen so innig, dass er, auf der Schwelle der Ewigkeit stehend, mit unvorstellbarer Seligkeit in seiner Reichweite, darauf verzichtet, in sie einzugehen. Den Früchten seines Sieges entsagend, unterwirft er, der gelernt hat, in der Ewigkeit zu leben, sich freiwillig der Einkerkerung in das Zeitliche. Er weiß, dass er, der den Weg der Befreiung kennt, durch seine Entsagung, durch das Teilen des Gefängnisses mit der Menschheit, fähig ist, alle Wesen ihrem Ziel näherzubringen. Bei seiner spirituellen Geburt hat er allen Kräften und allen Besitztümern entsagt. Jetzt, am Vorabend seiner Geburt in die Ewigkeit, entsagt er dem unmittelbaren Eintritt in das ewige Leben.

Der Adept, welcher auf diese Weise freiwillig verzichtet, teilt die Schmerzen der Welt und erleichtert sie. Er verweilt, um Licht in die Dunkelheit der zeitlichen Welten zu ergießen, um die schlafenden Seelen der Menschen zu wecken, um die erwachten geistigen Wesen willkommen zu heißen und sie auf dem Pfad zum ewigen Frieden zu führen.

Jetzt, da er über das Leid hinausgewachsen ist, kann er es mildern; da er über der Krankheit steht, kann er sie heilen; da er über der Unwissenheit steht, kann er sie erhellen. Über persönliches Karma hinausgewachsen, kann er das Karma der anderen teilen und so ihre Bürde erleichtern. Über der Notwendigkeit zum Handeln stehend, nimmt er unpersönlich an Tätigkeiten teil als bewusster Vollstrecker des Willens des Höchsten. Er verweilt in den Begrenzungen aus eigener Wahl und entsagt der Freiheit des unbegrenzten Zustandes. Er ist eine Keimzelle ewigen Lebens im Körper der zeitverhafteten Menschheit. So nimmt er seinen Platz ein inmitten seiner befreiten Brüder, im Orden der Hüter unseres Erdballs.

Ob der Adept physisch verkörpert ist oder nicht, hängt von der Natur seiner Arbeit ab. Sollte ein häufiger Kontakt mit der Erde und ihren Bewohnern notwendig sein, wird er einen vollkommenen Körper beibehalten, der in Zurückgezogenheit verborgen bleibt. Sollte seine Arbeit von außerplanetarischer Art sein oder sich besonders mit den spirituellen Triaden[2] befassen, den

---

2   Vergleiche dazu »Eine Studie über das Bewusstsein« von A. Besant.

unsterblichen Prinzipien, die allen lebendigen Dingen zugrunde liegen, dann wird er keinen physischen Körper benützen, sondern einen besonders erschaffenen feinstofflichen Bewusstseinsträger. Da er den Tod bemeistert hat und der Notwendigkeit zur Wiederverkörperung entwachsen ist, da er vollkommenen Gleichmut erworben hat und frei von Karma geworden ist, steht es ganz in seiner Macht, mit einer physischen Körperhülle oder ohne eine solche zu leben und zu wirken.

Wenn er einen physischen Körper benützt, dann bringt dessen Gestalt seinen spirituellen Zustand vollkommen zum Ausdruck. Sie ist vollendet an Stärke, Schönheit und Leistungsfähigkeit. Auch beeinträchtigt seine Verkörperung in ihr keineswegs seine spirituelle Tätigkeit. Der Körper ist von ihm freiwillig angenommen worden und kann freiwillig abgelegt werden.

Weder der Raum beschränkt ihn noch fesselt ihn die Zeit. In seinen höheren Bewusstseinsträgern vermag er sich frei nach eigener Wahl durch alle Gefilde des Sonnensystems zu bewegen. Da er in jenem Zustand der Dauer lebt, in dem die Zeit mit der Ewigkeit verbunden ist, und da er den Wirkungsbereich des Gesetzes von Ursache und Wirkung überschritten hat, ist sein tägliches Leben frei von Anstrengung und Sorge. Sein physischer Körper wird daher durch die dahinfließenden Jahrhunderte nur wenig gezeichnet.

Er benötigt an Nahrung und Schlaf weit weniger als der normale Mensch. Seine Kenntnis von den Gesetzen und Prinzipien, welche die Offenbarung des Lebens in der Form regieren, sein vollkommenes Verstehen des dreifältigen Ausdrucks des Lebens in der Form – Aufnahme, Verarbeitung und Ausscheidung, Geburt, Reife und Verfall – befähigt ihn, durch lange Zeiten einen Zustand vollkommener körperlicher Reife aufrechtzuerhalten.

Obwohl er die ihm zufallenden täglichen Aufgaben erfüllen mag, solche persönlicher Art oder solche, die die Bruderschaft der Adepten betreffen, deren Mitglied er ist, so wird sein Bewusstsein dadurch doch nicht eingeschränkt. Er ist sich stets gleichzeitig des gesamten fünffältigen Universums von der physischen bis zur nirvanischen[3] Ebene bewusst. Auf diese Weise weilt er ununterbrochen in der nirvanischen Kraft, welche Allmacht bedeutet, und in der buddhischen[4] Seligkeit, welche Allgegenwart ist, sowie in der mentalen Vereinigung mit dem *einen* Geist, was Allwissenheit bedeutet. Er offenbart diese Attribute des Höchsten auf vollendete Weise durch seine physische Lebensführung, sein Fühlen und sein Denken; denn in ihm sind die höheren und niederen Triaden vereint, wie es symbolisch durch zwei ineinander verflochtene Dreiecke dargestellt wird. Von solcher Art ist, nur zum Teil beschrieben, der lebende Adept. Aus solchen Wesenheiten besteht die innere Regierung der Welt, welche darum allmächtig, allweise und allwissend ist.

---

3 Die spirituelle Ebene
4 Die Ebene des Christus-Bewusstseins, die Quelle der Weisheit und Intuition.

8. Kapitel

Die Große Weiße Bruderschaft
Ihr siebenfältiges Wirken
Der Weg zu den Meistern
Ihr tägliches Leben und Wirken

Die der ganzen Schöpfung innewohnenden dreifältigen Kräfte erreichen im Adepten und durch den Adepten einen hohen Grad bewussten Ausdrucks. Noch vollkommener und machtvoller offenbaren sie sich durch das geeinte Selbst der *Großen Weißen Bruderschaft*, von welcher der Adept ein Teil ist. In ihrem Wesen ist diese Körperschaft eine Einheit, die spirituelle Keimzelle des gesamten Körpers der Menschheit. In dieser glorreichen Gemeinschaft der Adepten offenbaren sich die dreifältigen Grundeigenschaften in sieben Abwandlungen.

Diese Geistige Hierarchie ist gleich dem Universum und dem Menschen eine Siebenheit. Jeder der sieben Aspekte wirkt unmittelbar auf der ihm entsprechenden Bewusstseinsebene, von der höchsten spirituellen bis herab zur physischen. Jeder Aspekt drückt sich auch durch einen besonderen Tätigkeitstypus aus, welcher einem der sieben Ströme von Kraft – den sieben Strahlen – entspricht, die dem einen zentralen Urquell von Macht, Leben und Licht entströmen. Dennoch ist die ganze Bruderschaft eins, ein Ausdruck des *einen* Willens, der *einen* Weisheit und der *einen* Erkenntniskraft.

Wenn die menschliche Monade[5] herabsteigt, um physisches Menschentum zu erlangen, dann geht dem menschlichen Selbstbewusstsein ein untermenschliches Gruppenbewusstsein voraus. Der Geist, der im Mineral-, Pflanzen- und Tierreich inkarniert ist, ist nicht individuell, sondern kollektiv. In der Mineralwelt gibt es Gruppen, von denen jede ein quasi-individuelles Bewusstsein darstellt, in dem viele Arten von Metallen und Edelsteinen ihrem Strahl gemäß verbunden sind. Diese Gruppierung steht in keiner Beziehung zur geographischen Lage, denn die physische Verkörperung eines Gruppenbewusstseins kann in weit voneinander entfernten Teilen der Erde vor sich gehen.

Im Pflanzenreich zeichnen sich die Abteilungen klarer ab, und noch mehr im Tierreich, denn dort erfolgt schon eine Annäherung an die Stufe der echten Individualität. Durch seine Verbindung mit dem Menschen wächst das Haustier aus dem Gruppenbewusstsein heraus und erlangt menschliche Individualität, es wird zum Ego[6]. Jedes menschliche Ego (Selbst) ist die Offenbarung eines individualisierten »Teiles« des einen großen spirituellen Bewusstseins des Universums; es ist ein selbstständiger Mikrokosmos.

Im Menschenreich wird diese Eigen-Existenz allmählich zur Vollkommenheit gebracht, bis der Mensch zu einem Adepten

---

5 Die spirituelle Einheit, der göttliche Funke, das metaphysische Ich.

6 Siehe »Eine Studie über das Bewusstsein« von A. Besant.

wird. Er gibt dann sein gesondertes Eigen-Sein auf und kehrt freiwillig in ein Gruppenbewusstsein zurück. Doch verursacht dieses Aufgeben keinen Verlust an Individualität, denn paradoxerweise verstärkt die Verschmelzung mit dem Ganzen die Eigen-Existenz des Teiles.

Der Adept ist zugleich ein Einzelner und das All-Eine. Er ist eins mit allem Leben und aller Form, eins mit dem Fluss und dem Ozean, eins mit dem Ursprung und mit dem Ziel – und er bleibt doch er selbst. Er ist die vollkommene Vereinigung sowohl des Gruppenbewusstseins als auch des individuellen Bewusstseins.

So bildet die Bruderschaft der Adepten, obgleich jeder Adept auf einem besonderen Planeten ein Einzelwesen ist, doch ein einheitliches Bewusstsein. Diese planetarische Adepten-Gemeinschaft ist eine Manifestation der größeren Einheit, welche die Bruderschaft der Adepten des ganzen Sonnensystems ist; diese wird in der irdischen Bruderschaft mikrokosmisch widergespiegelt. Die ganze Bruderschaft auf der Erde wird auch von einer Sonne erleuchtet, von dem Größten aller ihrer Adepten, der, soweit es ihre Existenz und Tätigkeit als geeinte Gruppe betrifft, ihr Quell von Macht, Leben und Licht ist. In der Gemeinschaft dieser Bruderschaft gibt es Adepten von verschiedenen Graden, ebenso wie es im Sonnensystem Planeten in verschiedenen Entwicklungsstadien und in verschiedenen Entfernungen zur Sonne gibt.

Jeder der sieben Bewusstseinszustände wird in der ganzen Bruderschaft reflektiert, nicht nur durch jeden einzelnen Adepten, der in jeden dieser Zustände einzutreten und ihn zu meistern vermag. Sie werden durch deren sieben Abteilungen oder Tätigkeitsbereiche in der ganzen Gemeinschaft reflektiert. Jeder dieser Abteilungen steht ein Adept vor, welcher das Oberhaupt dieses Bewusstseinstypus und der Lenker seiner Manifestation ist.

So umfasst die Bruderschaft *Herren des Willens und der Macht*, unmittelbare Vollstrecker des spirituellen Willens des Universums, welcher sich besonders durch den obersten Herrscher des Lebens auf diesem Planeten, den spirituellen KÖNIG, offenbart. Die Herren der Macht erwecken den spirituellen Willen innerhalb jeder Form; dadurch, dass sie die Arten in den vier Naturreichen vermischen und verändern, helfen sie der Natur, die vollkommene Form hervorzubringen.

Die *Herren der Intuition* erwecken die Weisheit, das intuitive Bewusstsein in allen lebendigen Dingen und vervollkommnen seinen Ausdruck im Menschen durch geistige Belebung und durch das Einprägen ethischer und spiritueller Ideale. Der höchste Vertreter dieser Funktion ist der große Lehrer der Welt, der in aufeinanderfolgenden Epochen als Welterlöser und Begründer von Weltreligionen unter den Menschen erscheint.

Die *Herren des Intellekts* erwecken den synthetischen, abstrakten Intellekt im Menschen und bereiten ihn vor, als einen Kelch[7], um den Wein des einen Lebens des Höchsten zu empfangen. Wenn dieser köstliche Trank empfangen wird, erwacht und entfaltet sich die Kraft intuitiver Wahrnehmung. Die den Kelch formenden aufwärtsfließenden Linien symbolisieren das Streben der Seele und die Vereinigung aller Aspekte des persönlichen Bewusstseins, während der Kelch selbst das Ergebnis ih-

---

7 Mystisch betrachtet, ist der Kausalkörper, das Werkzeug der abstrakten Erkenntniskraft, der heilige Gral. Alle Adepten, und insbesondere diese *Herren des Intellektes*, sind Ritter des Grales. Montsalvat ist das höhere Bewusstsein, in dem sie weilen.

rer Verschmelzung darstellt. Meditation, Anbetung, hohes Streben – dieses sind die Kräfte, durch welche der Kelch erhoben wird; er symbolisiert dann die menschliche Natur, die sich dem Göttlichen weiht.

Unfehlbar erfolgt hierauf die Antwort, und allmählich wird – auch in unserer gegenwärtigen Zeit – der Kelch des menschlichen Intellektes mit dem Wein des einen Lebens gefüllt. Als Folge davon beginnt die neue Kraft der inneren Wahrnehmung sich zu entfalten, die als Intuition bekannt ist. Nach außen hin helfen die Herren des Intellekts bei der Entwicklung der synthetischen Vernunft, sie inspirieren die Menschen zu kultureller Entfaltung, zu Brüderlichkeit und Frieden.

Die *Herren der Schönheit* helfen, die Brücke zwischen dem konkreten und dem abstrakten Intellekt zu bauen, welche den stofflichen, sterblichen Menschen individuell und in seiner Gesamtheit mit dem unsterblichen spirituellen Selbst verbindet. Der der fünften Menschheit[8] angehörige Mensch muss diese Brücke willentlich mit vollem Bewusstsein überschreiten und in der abstrakten, synthetischen Vernunft zu wirken lernen.

Auf diese Weise unterstützen die Herren der Schönheit die Manifestation des Spirituellen durch das Materielle, indem sie beides verschmelzen. Sie nähren in der Seele des Menschen jedes Streben nach Schönheit, sie inspirieren Künstler und Handwerker, damit Leben und Kultur des Menschen immer reicher an Schönheit wird.

Die *Herren des konkreten Verstandes* erwecken und erweitern den Verstand des Menschen. Sie inspirieren den Forscher zur Entdeckung neuer Tatsachen und Gesetze in der Naturwissen-

---

8 Die indo-europäische Menschheit mit allen ihren Zweigen.

schaft und den Erfinder zu ihrer Anwendung für den Fortschritt der Zivilisation. Der Wissenschaftler – inspiriert durch die *Herren des Wissens* – ist in unserem Zeitalter der Gestalter des Denkens der Menschheit. In Zusammenarbeit mit dem Künstler wird er der Erbauer der Kulturen im kommenden Zeitalter sein.

Die *Herren des Idealismus* entzünden und hegen das Feuer des Enthusiasmus in den Herzen der Reformer. Sie halten die mystische Flamme, das Sehnen der Gläubigen nach der mystischen Vereinigung, lebendig, sie führen den Heiligen zur Seherschaft und den Seher zur Vereinigung mit Gott.

Die *Herren der Tat* hüten während aller Zeitalter die Kraft, die Weisheit, die Schönheit, das Wissen und den Idealismus der altehrwürdigen Mysterien. Sie bereiten den Tag vor, an dem sie deren Rituale wieder für die Menschheit einsetzen werden, als dramatische Handlungen, als symbolische und allegorische Darstellungen der ewigen Wahrheit. Sie verbinden den höchsten spirituellen Willen mit seinem dichtesten Werkzeug im physischen Körper und inspirieren seinen Ausdruck in geordneter Tätigkeit, Genauigkeit und Anmut. Sie leiten die Menschheit zur Entwicklung einer vollkommenen politischen und sozialen Ordnung hin.

Jeder von diesen Herren der siebenfachen Offenbarung des Höchsten wirkt auf solche Weise durch eine innere und eine äußere Tätigkeit. Jeder fördert das Leben, gestaltet aber auch die Form. Jeder erweckt das Bewusstsein und unterstützt es in seiner Manifestation. Die große Weiße Bruderschaft erfüllt daher eine zweifache Aufgabe: Sie ist eins mit dem Bewusstsein in jeder Lebensform und hilft seiner Entfaltung von innen her, sie gestaltet aber auch die Formen durch helfende Einflüsse von außen und macht sie schöner. Seit der Kindheitsperiode der Menschheit in den fernen Tagen Lemurias hat die Bruderschaft so dem Göttlichen in der Natur und im Menschen gedient. Sie wird in gleicher Weise durch Hunderttausende von Jahren zu dienen fortfahren, bis am Ende dieses Weltentages ihre Aufgabe erfüllt ist. Der Menschheit ist das Vorrecht nicht verwehrt, an gewissen Tätigkeiten der Bruderschaft der Adepten bewusst mitzuarbeiten. Alle wahren Diener der Menschheit sind ihre Mitarbeiter, auch wenn sie sich dieser Zusammenarbeit nicht bewusst sein mögen.

Der Weg zur Gemeinschaft mit den Adepten steht heute ebenso offen wie eh und je – es ist ein Weg, den jeder Mensch finden und betreten kann, wenn er es nur ernstlich will. Dieser Pfad ist am leichtesten dadurch zu finden, dass man an der Arbeit der Adepten teilnimmt und dient, wie sie dienen; dadurch, dass man dem Ich und der Selbstsucht entsagt, wie sie es getan haben, und für die Erfüllung des einen großen Willens lebt, so wie sie es ohne Unterlass tun.

So kann der Mensch sich allmählich den Meistern nähern. So kann ein einzelner Mensch die Füße seines Meisters erreichen.

In der Gegenwart seines Meisters findet der Schüler das Idealbild allen Menschentums – den vollkommenen Menschen. Er nimmt in dem Adepten die Eigenschaften aller sieben erhabenen Großen in ihrer Vollendung wahr, wenn auch jeder Einzelne besonders von den spezifischen Merkmalen seines eigenen Strahles oder Temperamentes durchflutet wird, deren gemeinsamer Besitz Meister und Schüler zueinander zieht.

So wird, wenn der Meister ein *Herr der Liebe* ist, die göttliche Liebe in ihm verkörpert sein; göttliches Erbarmen wird in ihm wohnen und in jedem Blick, in jedem Wort und in jeder Handlung offenbar werden. Dennoch ist er aber, da er ein vollkommener Mensch ist, zugleich auch ein *Herr des Willens* und fähig, die göttliche Allmacht zu offenbaren. Er ist außerdem ein Meister der Philosophie, der Wissenschaft und der Kunst sowie des Idealismus. Da er aber ein Herr der Liebe ist, werden diese anderen Kräfte von den besonderen Eigenheiten der Liebeskraft durchstrahlt sein.

In ähnlicher Weise ist ein Herr des Willens personifizierte Stärke und Tapferkeit, Majestät und Herrscherwürde; aber die anderen Attribute – Liebe, Verstehen, Schönheit, Wissen, Idealismus und geordnete Tätigkeit – erreichen in ihm auch ihren höchsten Ausdruck.

Das Bewusstsein des Adepten weilt in nirvanischen Bereichen, wo Zeit und Raum nicht existieren. Aus dieser erhabenen Region ergießt der Adept – wie von der Spitze eines Leuchtturms – fortwährend sein Licht über die Welt, um seine jüngeren Brüder über das stürmische Meer des Lebens zu geleiten. Dieses Licht strahlt stetig, und sein Strahlenglanz nimmt, während die Jahrhunderte dahingehen, ständig zu.

Der Adept ist so auf allen Ebenen des Bewusstseins tätig, er leuchtet und dient auf einer jeden und setzt seine Kraft dort ein, wo sie jeweils am nötigsten ist. In der Zurückgezogenheit seiner physischen Wohnstatt kann er nur von wenigen Erwählten aufgesucht werden. Diese sehen ihn als einen kultivierten, spirituellen Menschen von großer Schönheit an Antlitz und Gestalt, mit christusartigem Wesen, königlicher Haltung und höchster Würde.

Die Adepten wohnen entweder auf Bergen oder verbergen ihre Heimstätten mittels geistiger Kräfte vor den Augen der Menschen. Einige von ihnen leben im Himalaya und in den Gebirgsketten jenseits des Himalaya; andere verbergen sich in den Höhen des Libanon und Transylvaniens sowie in den Nilgiri-Bergen. Obgleich die Mitglieder der Bruderschaft räumlich so getrennt leben, sind sie im Bewusstsein doch eins, und sie arbeiten stets in vollkommener Koordination und Präzision als eine Einheit.

Wenn ein Schüler sich dem Heim eines Adepten nähert, kann er ihn mit einer physischen Tätigkeit beschäftigt finden – mit seiner Korrespondenz, mit der Verwaltung seiner physischen Angelegenheiten, beim Lesen in seiner Bibliothek, bei einer Ansprache an Gruppen von Schülern, beim Essen, beim Schlafen oder auch beim Spielen eines Musikinstrumentes. Er kann ihn auch im Freien antreffen, vielleicht auf einem Pferd reitend, wenn er sich gerade auf Besuch zu einem anderen Adepten begibt. Er mag ihn aber auch scheinbar in tiefen Schlaf versunken finden, in seinem Zimmer oder in einem entlegenen Winkel seines Gartens sitzend, sein Bewusstsein aus dem Körper zurückgezogen. Der Adept bewegt sich dann frei in anderen Teilen der Erde, nimmt vielleicht an Zusammenkünften der Bruderschaft teil oder führt verborgene Pflichten seines Amtes in der Geistigen Hierarchie aus.

Der Adept übt seine Tätigkeiten mit vollkommener Anmut und Leichtigkeit aus und mit einem Höchstmaß an Wirksamkeit. Alles, was er tut, verrichtet er auf vollkommene Weise. Wenn er dem physischen Leben Aufmerksamkeit zollt, so vermindert und stört dies keinesfalls sein spirituelles Bewusstsein; denn sein physischer Körper verlangt, da er zu automatischem vollkommenen Gehorsam erzogen ist, nur ein Minimum an Aufmerksamkeit und Führung.

Von solcher Art sind zum Teil die auf Erden lebenden Adepten; von solcher Art ist zum Teil die Natur ihrer individuellen und gemeinsamen Tätigkeiten.

Die Kraft, diesen Zustand spiritueller Vollkommenheit zu erreichen, der Allmacht, Allgegenwart und Allwissenheit bedeutet, liegt in jedem Menschen. Keimhaft sind diese Fähigkeiten in allen Menschen vorhanden. Sie sind das innewohnende Besitztum des unsterblichen Selbstes.

Während der frühen Kindheitsperiode des Geistes der Menschheit, in den Gemeinschaften wilder und halbzivilisierter Völker, ist der Mensch sich normalerweise der Existenz dieser ihm innewohnenden Eigenschaften nicht bewusst. Während der späteren geistigen Kindheitsstufen, jener des zivilisierten Menschen, beginnen die dreifältigen Kräfte sich in seinem täglichen Leben zu zeigen. Ein Gefühl für Moral entsteht, Pflichten werden anerkannt, zumindest als Ideale, wenn auch noch nicht in der Praxis, und die Stimme des Gewissens fängt an, sich bemerkbar zu machen. Während der Periode spiritueller Jugend dämmert das Licht der Schönheit, der Einheit und der Bruderschaft über dem menschlichen Bewusstsein herauf. Der Mensch bemerkt und bewundert in anderen die Eigenschaften des Idealismus und Altruismus und nimmt sie allmählich als Leitprinzipien seines Lebens an.

In diesem Stadium richtet der Lehrer seine Aufmerksamkeit auf den spirituell erwachenden Menschen. Der große Meister macht die latenten spirituellen Eigenschaften des Menschen fruchtbar und inspiriert ihn zu ihrer praktischen Anwendung im Leben. Der Schüler, welcher sich gewöhnlich dieses Beistandes nicht bewusst ist, erlebt eine Erweiterung seiner Sympathien und eine Vertiefung seiner Bildung. Universelle Liebe erwacht in ihm, und er wird inspiriert, ihr durch Dienst für seine Mitmenschen Ausdruck zu verleihen. Allmählich, in feiner und fast unbewusster Weise, weichen die persönlichen und egoistischen

Motive und machen dem Ideal, der Welt zu helfen, Platz, bis zuletzt Dienen zum Grundton seines Lebens wird.

Dann hat er den »Pfad« gefunden, dann ist er bereit, ein Schüler des Meisters und später ein Mitglied in den äußeren Reihen der Großen Bruderschaft zu werden.

9. Kapitel

Das Leben des Schülers
Seine Annahme und seine Arbeit
Spiritualität für den Menschen des Westens
Geschäftsleben, Kunst und Erziehung

Die erste Begegnung mit dem Lehrer erfolgt gewöhnlich während der physische Körper schläft. Die Seele, auf diese Weise frei, wird durch spirituelle Affinität in die Gegenwart des Lehrers gezogen. Der Mensch steht dann von Angesicht zu Angesicht jenem Älteren Bruder gegenüber, welcher ihn bis zu diesem Augenblick beobachtet, auf ihn gewartet und »die Pilgerseele in ihm geliebt hat«. Wenn er dem Ruf des Meisters, Seite an Seite mit ihm zu dienen, folgt, dann empfängt der Schüler, demütig vor ihm kniend, den Segen eines Großen, der nicht nur ein vollkommener Lehrer, sondern auch ein vollkommener Priester ist. Er wird dann vor kommenden Prüfungen gewarnt, bei der Formung seines Charakters beraten und über die geistigen Möglichkeiten unterrichtet, die aus diesem ersten Erlebnis hervorgehen.

Wenn er vom Schlaf erwacht, wird er sich möglicherweise an das Geschehen nicht erinnern, aber er ist sich einer neuen Freude und Kraft im Leben bewusst. Erfahrenere Schüler werden ihn anerkennen, und nötigenfalls wird ein Älterer ihn physisch von dem inneren Ereignis und seiner Bedeutung unterrichten. Danach lebt er zwar in der äußeren Welt weiter, aber er ist nicht mehr länger ganz von dieser Welt. Die inneren Welten und das innere Leben verlangen in wachsendem Maß sein Interesse und seine Aufmerksamkeit.

Der Einfluss seines Meisters umströmt ihn nun fortwährend und wirkt geistig belebend auf viele Menschen in der äußeren Welt, mit denen der Schüler in Berührung kommt. Während der Einfluss durch ihn strömt, erweckt er auch seine eigenen spirituellen Möglichkeiten und schafft in sich weitere Stromwege für das Einfließen der spirituellen Kraft.

Viele Anfechtungen befallen den Schüler, denn er muss im Feuer des Lebens geprüft werden. Seine höchsten und seine niedrigsten Eigenschaften zeigen sich mit zunehmender Stärke – die höchsten, damit er wirksamer dienen kann, die niedrigsten, damit er dadurch, dass er ihnen gegenübertritt und sie überwindet, rein werden kann. Da der Strom der Kraft des Meisters sowohl die guten als auch die schlechten Eigenschaften stimuliert, ist es notwendig, dass die Fehler des Schülers auf ein Mindestmaß verringert werden, bevor der Meister es wagen kann, ihn einer solchen Spannung auszusetzen. Wenn die Seele nicht stark und rein ist, kann der Mensch versagen, und sein Fortschritt kann dadurch um viele Leben verzögert werden.

Der Erfolg im Kampf gegen die niedere Natur tritt früher oder später ein, je nach der Stärke der Seele und dem Fortschritt, der in vergangenen Leben erzielt wurde. Danach wird der Schüler wieder in die Gegenwart seines Meisters gerufen, der ihn während der Zeit seiner Erprobung beobachtet und geleitet hat. Wenn das niedere Ich alle Macht verloren hat, das Höhere zu verstricken und zu binden, wenn Eigenliebe dem Dienst gewichen ist, Selbstsucht der Liebe Platz gemacht hat, wenn an die Stelle von Sinnlichkeit Reinheit getreten ist und an die Stelle des Begehrens der Wille, dann zieht der Meister die so geläuterte Seele in sein eigenes reines und vollkommenes Herz hinein und verbindet sie vorübergehend zu einer vollen Vereinigung mit seinem innersten Selbst.

In dieser tiefsten, höchsten Vereinigung werden die beiden, die zwei waren, eins. Der Schüler taucht aus solch einem Erlebnis vorübergehend verklärt auf. Prophetisch leuchtet der Adept in ihm auf, der er bald werden kann. Die spirituelle Vollkommenheit seines Meisters strahlt um ihn, während die spirituellen Eigenschaften und Wesenszüge des Schülers in den Meister hineingezogen und durch ihn sichtbar werden.

Gesegnete Vereinigung, innigste Vertrautheit, tiefste Liebe und wundersame Seligkeit, dies alles erfährt der »Angenommene« in diesem Erlebnis, während dessen für ihn weder Zeit noch Raum noch Getrenntheit bestehen und er mit dem Leben selbst eins ist, das er als ewig dauernd, alles durchdringend und unteilbar erkennt.

Von nun an strebt der angenommene Schüler danach, das Erlebnis der Einheit mit seinem Meister beständig im Wachbewusstsein festzuhalten. Er lernt, mehr und mehr vom Mittelpunkt seines Daseins aus zu leben statt von dessen Umkreis. Er erkennt, dass spirituelle Verwirklichung nicht aufrechterhalten werden kann, wenn die Aufmerksamkeit ständig auf weltliche Dinge gerichtet ist. Die äußeren Ereignisse des Lebens, die immer wechselnden rastlosen Tätigkeiten der Menschen stellen das genaue Gegenteil jener inneren Ruhe und jenes Gleichgewichtes des Ewigen dar, nach welchem er nun trachtet. Daher muss der Schüler sich beharrlich vom Weltlichen zurückziehen, er muss die Gewohnheit ausbilden, dessen Anziehungen zu widerstehen, und er muss seine Berührung mit ihm auf jenes Mindestmaß verringern, das für den Dienst in der Welt notwendig ist. Wenn er dies nicht tut, wird er fortwährend abgelenkt. Sein Denken nimmt die Gewohnheit ruhelosen Tätigseins an, und er ist unfähig, seine Aufmerksamkeit stetig auf die Wirklichkeiten des inneren Lebens gerichtet zu halten. Wenn er sich aber auch vom Vergänglichen zurückziehen und seine Identität mit dem Ewigen festigen muss, so darf dies doch seine Wirksamkeit in der äußeren Welt nicht stören oder vermindern. Er muss jetzt lernen, *in* der Welt, aber nicht *von* der Welt zu sein.

Die moderne westliche Spiritualität unterscheidet sich in dieser Hinsicht vom Yoga vergangener Zeiten und vom östlichen Yoga. Die Möglichkeit, sich physisch zurückzuziehen, ist im Westen fast ausgeschlossen, das geistige Leben muss inmitten der Ablenkungen und Versuchungen der äußeren Welt geführt werden. Dies kann nur dann mit Erfolg geschehen, wenn man die Gewohnheit des Losgelöstseins von der physischen Umwelt und eine feste mentale Haltung zunehmender Selbst-Identifizierung mit den Wirklichkeiten der inneren Welt ausbildet. Der Suchende muss, da er sich nicht in eine Zelle oder Höhle zurückziehen kann, die Welt als seinen Ashram[9] betrachten und lernen, mental und spirituell das Leben eines Einsiedlers zu führen, während er unter den Menschen lebt und arbeitet.

9 Ashram wird im Osten die Zelle, Höhle oder Wohnstatt eines Heiligen, Einsiedlers oder Adepten genannt.

Die Welt braucht in der gegenwärtigen Zeit notwendig die Anwesenheit und den spirituellen Einfluss geistig gesinnter Menschen. Die Neigung zu Selbstsucht und Materialismus ist noch stark, und wenn auch der tiefste Punkt vielleicht schon erreicht ist, gibt es doch noch allzu wenige in der Menschheit, welche bewusst den aufwärts führenden Pfad beschreiten. Diese Wenigen werden benötigt, um wie ein Sauerteig zu wirken, und deshalb müssen sie unter den Menschen leben.

Der Schüler sollte sich daher als ein Zentrum spiritueller Kraft, als eine Keimzelle im Organismus der Menschheit betrachten. Er muss darum in seinem ganzen Leben ein spirituelles Verhalten und in seinen Handlungen spirituelle und daher selbstlose Beweggründe zeigen. Er muss auch seine Mitmenschen, wo immer möglich, zu einem ähnlichen Verhalten anregen. Er muss eine tätige und positiv wirkende Kraft darstellen, stets wachsam, Gelegenheiten zu bemerken und zu ergreifen, wo sie nur auftauchen. Ferner muss er solche Menschen suchen, die durch persönlichen Kontakt mit ihm zum spirituellen Leben geführt werden können. Er muss dabei jedoch unpersönlich arbeiten und sich bemühen, allem, was er tut, den Stempel der Spiritualität aufzuprägen.

Das spirituelle Leben ist weder ein Traum noch eine Angelegenheit schablonenhafter Meditation. Es besteht aus der fortgesetzten Ausübung von Kraft und Einfluss in Richtung auf Bruderschaft, Philanthropie, Selbstlosigkeit, Selbstbeherrschung und Reinheit. Es ist in Wirklichkeit ein Leben von unaufhörlicher harter Arbeit.

Sogar die Erholung muss guten Zwecken gewidmet werden, wenn der Schüler ständigen positiven Gebrauch von seinen spirituellen Kräften macht. Wenn er zum Beispiel ein Konzert, eine Theatervorstellung oder eine gesellschaftliche Veranstaltung besucht, kann die aus ihm fließende spirituelle Kraft große Mengen von Menschen durchstrahlen, beleben und ihr höheres Selbst erwecken. Das Leben der Menschen kann durch den persönlichen Kontakt mit einem Schüler verwandelt werden, er selbst aber wird, während er sein Leben der Schülerschaft lebt, zu einem immer mächtigeren Zentrum spiritueller Kräfte werden.

Die Gedanken eines Schülers im Westen müssen jeden Tag und jede Stunde sorgfältig bewacht werden, da sie auf das Bewusstsein seines Meisters einwirken. Dies ist besonders wichtig für Menschen, die im Geschäftsleben tätig sind, denn ihre Beschäftigung erfordert Konzentration auf materielle Angelegenheiten. Jene, die nicht in dieser Art beansprucht sind, haben aber eine sogar noch schwierigere Aufgabe, denn ihre Gemüter sind, da während des Tagesverlaufes weniger Konzentration von ihnen verlangt wird, empfindlicher für die Gedankenströmungen ihrer Umwelt, und sie neigen daher dazu, die triviale und oft unerfreuliche Gedankenatmosphäre ihrer Umgebung widerzuspiegeln; daher die Notwendigkeit zu unausgesetzter Ausübung der Gedankenkontrolle. Der Schüler darf an den minder wichtigen Angelegenheiten des weltlichen Lebens nur ein losgelöstes Interesse haben. Die Kenntnis der Tagesereignisse ist nützlich, da sie ihn in die Lage versetzt, zu helfen, wo es nötig ist, aber er darf sich nicht gestatten, in diesem Interesse ganz aufzugehen. Der größere Teil seines Bewusstseins muss fest auf seinen Meister, auf seine Arbeit für die Welt, auf seine spirituellen Ideale und auf seine Aufgabe in der Entwicklung seines Charakters gerichtet sein. Er muss fähig werden, sich auf diese Dinge unerschütterlich zu konzentrieren und sein Bewusstsein ständig gegen das Eindringen weltlicher oder unreiner Gedanken abzuschirmen. Sein Gemüt muss zu einem Allerheiligsten im Tempel seiner Persönlichkeit werden, und er muss es als ein solches bewahren.

Geschäftliche Tätigkeit – richtig genützt – ist eine ausgezeichnete Schulung für den Esoteriker. Der in der Geschäftswelt tätige Schüler sollte in all seiner Arbeit größte Leistungsfähigkeit und Genauigkeit anstreben. Das spirituelle Leben erfordert für seinen Erfolg sowohl mentale Präzision als auch physische Gewandtheit. Kaufhaus und Büro sind ideale Übungsplätze, in denen diese Fähigkeiten ausgebildet werden können.

Die Künste bieten gleich wertvolle Gelegenheiten. Der Schüler, der Künstler ist, muss danach trachten, Regelmäßigkeit und Ordnung in sein Leben zu bringen. Das sogenannte »Künstlertemperament« muss, wenn ihm auch viele, die das Ideal des Pfades noch nicht endgültig angenommen haben, unbedenklich nachgeben, vom Schüler streng gezügelt werden. Er muss sich über Stimmungen und Launenhaftigkeit erheben und danach streben, eine vollkommene Verkörperung des großen Künstlers des Universums zu werden, der beständig am Wirken ist. Mentale und moralische Beherrschung mag für den Künstler schwierig sein, für den Schüler eines Meisters gibt es aber keine Entschuldigung für Nachlässigkeit in diesen Richtungen. Nicht nur muss sein Leben makellos rein, sein Denken geordnet und sachlich sein, sondern er muss auch unter seinen Künstler-Gefährten als ein Vorbild reinen Lebens und äußerster Hingabe an seine Kunst hervorragen.

Spiritualität in der Kunst ist eine der großen Notwendigkeiten unserer Zeit. Eine vergeistigte Wissenschaft tritt schon in Erscheinung, sie muss durch eine vergeistigte Kunst ergänzt werden. Das wirkliche Leben in der Natur, die spirituellen Tatsachen, die abstrakten Wahrheiten, die Erfahrungen des Bewusstseins, die innere Schau und ein fortwährender Appell an alles, was zum Höchsten der Menschheit gehört, das alles muss in der Kunst von heute und morgen seinen Ausdruck finden. Der Künstler, der Schüler eines Meisters ist, ist für diese Arbeit wunderbar gerüstet, da ihm stets ein unbegrenzter Quell der Inspiration zur Verfügung steht. Die Verbindung mit dem Bewusstsein seines Meisters, welche durch Meditation und in seinem Namen getane Arbeit ständig verstärkt wird, erweckt in dem Schüler das Feuer des Genius und öffnet die Stromwege für dessen Ausdruck durch Gehirn und Körper.

Ein Schüler, der Erzieher ist, hat ebenfalls herrliche Möglichkeiten, denn durch seine Beziehung zum Meister werden alle seine Schutzbefohlenen in direkte Verbindung mit diesem gebracht. Ununterbrochene innere Sammlung zu bewahren, während er mit den Einzelheiten seiner Berufsarbeit beschäftigt ist, ist der bedeutendste Faktor, der den Lehrer befähigt, seine Schule und seine Zöglinge mit der Bruderschaft zu verbinden. Diese große Körperschaft hat eine eigene Erziehungsabteilung, deren Mitglieder bestrebt sind, alle irdischen Erziehungsinstitute mit spirituellem Idealismus zu inspirieren. Bei dieser Arbeit kann der Meisterschüler, der Lehrer ist, eine bedeutende und wirksame Rolle spielen. Dadurch, dass er die Gewohnheit ausbildet, sich mental aus der Routine des Schulalltags zurückzuziehen und sein Bewusstsein ständig für jenes des Meisters und der Hierarchie offenzuhalten, wird er inspiriert, einen Einfluss in besondere Richtungen auszuüben. Durch die offenen Stromwege seines Bewusstseins fließt das Leben des Meisters und der Bruderschaft in die Schule und in die Kinder hinein.

In seinem täglichen Leben muss ein solcher Meisterschüler klar als das Muster eines spirituell gesinnten Erziehers und als praktischer Idealist unter seinen Kollegen hervorragen und ebenso für die Jugend als ein Beispiel reiner, gesunder und kraftvoller Lebensführung. Er sollte auch unter seinen Zöglingen nach solchen suchen, welche Bande mit der Bruderschaft haben, und mit ihnen Freundschaft schließen, damit sie in ihrem späteren Leben ebenfalls helfende Inspiration erhalten können, den Pfad zu betreten. Viele solcher Egos nehmen gegenwärtig Verkörperung an, und es wird zu den Pflichten jener Meisterschüler, welche Lehrer sind, gehören, diese bei ihrer Suche nach dem Meister zu führen, zu der sie im späteren Leben durch die Erfahrungen früherer Inkarnationen gedrängt werden.

Alle Schüler der Meister jedoch, welcher Art ihre Beschäftigung auch sein mag, sollten in gleicher Weise nach Menschen Ausschau halten, welche verheißungsvolle Ansätze zeigen, sich ihren Reihen anzuschließen. Sie sollten sich als Erntehelfer der Bruderschaft betrachten.

10. Kapitel

Die Schülerschaft
Das mystische Leben des Schülers
Die Vision des Ganzen

Die Schülerschaft betrifft hauptsachlich die Entwicklung des
Selbst. Sie kennzeichnet den Beginn eines neuen Zyklus, welcher
seinen untersten Punkt bei der ersten großen Einweihung erreicht, bei welcher spirituell eine neue Geburt erfolgt. Der Zeit-
raum zwischen dem Beginn des Probepfades und der ersten Einweihung entspricht der Schwangerschaftsperiode, die der physischen Geburt vorausgeht. Bei der Annahme auf Probe belebt der
Meister die buddhische »Keimzelle« im Kausalkörper[10] und verbindet sie mit der buddhischen Hülle[11], die ihrerseits genügend

---

10 Der strahlende Augoeides, der unsterbliche Körper der menschlichen Individualität auf der Ebene der abstrakten Vernunft; der dritte Aspekt des
mikrokosmischen Logos.
11 Der Körper des Christus-Bewusstseins im Menschen, die Quelle der Intuition; der zweite Aspekt.

erweckt ist, um auf den Einfluss des universalen Buddhi zu reagieren. Dieser Einfluss strömt ein oder vielmehr quillt empor in der buddhischen Hülle und beschleunigt ihre Entwicklung. Er belebt auch die buddhische »Zelle«, den Stern im Kausalkörper, und öffnet dadurch das wahre Individuum dem buddhischen Bewusstsein. Das höhere Selbst wiederum versucht, die Ergebnisse dieser Vorgänge in der Persönlichkeit auszudrücken. Dadurch erfährt es selbst eine weitere Bereicherung durch die erzieherischen Erfahrungen des persönlichen Lebens, das nun mit zunehmender Intensität und Lebendigkeit gelebt wird.

Die Entfaltung und tätige Auswirkung des buddhischen Bewusstseins sollte daher den Grundton im Leben des Schülers bilden; der Schüler sollte versuchen, sich des göttlichen Lebens in allen Formen, der Einheit dieses Lebens und seiner eigenen Wesensgleichheit mit ihm immer lebendiger bewusst zu werden. Diese Verwirklichung drückt sich durch die Vernunft als Intuition aus, durch die Gefühle als eine Ausdehnung der Fähigkeit zu Liebe und Freundschaft, und im Physischen als Unpersönlichkeit. Da das Leben eine Einheit ist, kommt den persönlichen Beschränkungen und den persönlichen Ausdrucksformen dieses Lebens nur geringe Bedeutung zu. Da fast alle Schwierigkeiten des menschlichen Lebens aus der persönlichen Einstellung entstehen, wird mit wachsender Klarheit die Unpersönlichkeit als das entscheidende Mittel erkannt, diese Schwierigkeiten zu überwinden.

Das höhere Selbst des Schülers wird auf diese Weise zu einem Zentrum des Wachstums, zu einer Synthese der höheren buddhischen Entfaltung und der sich aus der Erfahrung ergebenden persönlichen Entwicklung. Der Kausalkörper gleicht einem Mutterschoß, in welchem das embryonische buddhische Wesen, der

Eingeweihte, heranwächst. Die Neugeburt hängt in hohem Maße von der Harmonie zwischen dem Höheren und dem Niederen, zwischen Ideal und Lebensführung, zwischen Vision und Tat ab. Der Schüler muss sich bemühen, seine Ideale zu leben, denn wenn er versagt, wird entweder die Geburt des buddhischen »Kindes« sich verzögern oder dessen Entwicklung außerhalb des Mutterschoßes wird durch Unvollkommenheiten beeinträchtigt werden.

Der Schüler sollte sich bemühen, die Aspekte seines Bewusstseins miteinander in Einklang zu bringen und nach Ganzheit von der buddhischen bis zur physischen Ebene streben. Handeln, Fühlen, Denken, innere Erkenntnis und Inspiration sollten harmonisch verschmolzen werden und eine fünffältige Einheit bilden, ein synthetisches Ganzes, das zu koordiniertem Handeln imstande ist. Es ist notwendig, im Gehirn Selbst-Bewusstsein zu erreichen, und der Schüler sollte sich bemühen, die Fähigkeit zu erlangen, mehr und mehr aus seinem höheren Selbst zu handeln und zu denken und immer weniger als Persönlichkeit. Nur wenn er sich fest im Selbst-Bewusstsein verankert hat, kann er hoffen, zu buddhischem Erleben zu gelangen.

Jenseits von Buddhi liegt Atma[12]; zur gegebenen Zeit muss auch in dieses eingetreten und die atmische Hülle entfaltet werden. Dies ist die Aufgabe des Eingeweihten in dem neuen Zyklus, welcher sich nach der ersten Einweihung[13] eröffnet. Nun wird die buddhische Hülle der Mutterschoß, in welchem der atmische Embryo heranwachsen und aus welchem er später »geboren« werden soll. Jenseits von Atma liegt Anupadaka und

---

12 Der erste Aspekt, der spirituelle Wille, die Spitze des spirituellen Dreiecks, welches eine Nachbildung der drei Aspekte der Dreifaltigkeit des Logos im Menschen ist.

13 Siehe »Die Meister und der Pfad« von C. W. Leadbeater.

noch höher Adi[14]; auch diese werden nacheinander Matrix, Embryo und neugeborenes Kind. Mit jeder Geburt wird der Sitz des Bewusstseins um eine Stufe höher gehoben, und der Adept lernt, bewusst in und von diesen Ebenen aus zu wirken, während er durch die weiteren Einweihungen schreitet.

Von solcher Art ist der spirituelle Bergesriese, zu dessen untersten Hängen sich der Schüler Zugang errungen hat. Wenn er erfolgreich ist – und das hängt ganz von ihm selbst ab –, wird er allmählich den Gipfel erklimmen. Seine Älteren Brüder werden ihn inspirieren, führen und stärken, aber die eigentliche Anstrengung des Steigens muss er allein leisten. Der Meister ist wie ein Wanderkamerad, der, da er ein Stück Weges voraus ist, die Ergebnisse seiner Erfahrungen jenen anbietet, die ihm weiter hinten nachfolgen.

Dieses Angebot von Erfahrungsergebnissen ist kein ausschließlich äußerer Vorgang. Der Meister hat die bewusste Einheit mit dem Leben in jeder Gestalt erreicht, darum weiß er sich auch eins mit dem Leben im Schüler. Durch die Vereinigung und Identifizierung seines umfassenderen Bewusstseins mit dem des Schülers ist er imstande, diesem von innen her zu helfen. Er lässt den Schüler nach dem Grad seiner Fähigkeit an seinem Bewusstsein und an seinen Errungenschaften teilhaben und sie benützen.

Die Beziehung zwischen Meister und Schüler ist daher eine zweifache: Sie besteht aus einer inneren Vereinigung und Gemeinschaft und aus einer äußeren Inspiration, Lenkung und sogar Formung der Persönlichkeit. Die innere Beziehung besteht dabei ununterbrochen, vom ersten Augenblick der Probezeit an, und der Schüler sollte die Kenntnis davon durch Meditation in

---

14 Die beiden höchsten Ebenen der Natur.

sein Wachbewusstsein übertragen. Erstens, damit er die Erhebung und Inspiration der Vereinigung mit dem Bewusstsein des Meisters erlebt, und zweitens, damit er ihre Ergebnisse wirksamer in seinem Alltagsleben zum Ausdruck bringen kann.

Die äußere Inspiration durch den Meister und die Benützung des Schülers als Werkzeug ist ebenfalls ein zweifacher Vorgang. Ein beständiges Strömen des Lebens des Meisters in Gestalt von buddhischen Einflüssen – Mitgefühl und Liebe – wird in dem Schüler begründet, und zwar in dem Grad, in dem er sich der Einheit mit dem Meister bewusst wird und in seiner Gegenwart lebt. Außerdem leitet der Meister bei Gelegenheit auch äußerlich angewandte Kraft, Inspiration und Segen durch das höhere Selbst und die Persönlichkeit des Schülers in die äußere Welt. Der vollkommene Schüler ist ein solcher, der ein Höchstmaß an Fähigkeit besitzt, auf diese Einflüsse zu reagieren, und in dem der Widerstand gegen diesen zweifachen Vorgang auf ein Mindestmaß verringert ist.

Später folgt die allmähliche Verankerung in der ewigen alldurchdringenden atmischen Kraft, welche Nirvana ist – ein Vorgang, der erst vollendet ist, nachdem der Schüler Adeptschaft erreicht hat. Um dem Schüler darin zu helfen, teilt der Meister sein eigenes nirvanisches Leben in dem Maß mit ihm, in dem der Schüler darin einzutreten vermag. Dadurch bringt er das Selbst des Schülers in engere Übereinstimmung mit seiner Monade, dem ewigen göttlichen Funken. Der Schüler meditiert dann vom Zentrum des Selbst aus und strebt unentwegt zur Monade hinauf, um Vereinigung mit ihr zu erreichen.

Während dieser Entwicklungsphase dient das höhere Bewusstsein des Meisters dem seines angenommenen Schülers als Matrix. Wie im physischen vorgeburtlichen Leben der Schutz des

Mutterschoßes und der höheren Körper der Mutter dem Individuum hilft, in seine heranwachsenden Hüllen einzutreten und allmählich in ihnen bewusst zu werden, so gleicht der Meister einer spirituellen Mutter, in deren Bewusstsein und Einflussbereich die Monade in den sich entfaltenden buddhischen Körper und in den Kausalkörper des Schülers eintritt und in diesen bewusst wird. So befruchtet der Meister dadurch, dass er bei der Annahme den Schüler in sein Bewusstsein einschließt, die Keime aller spirituellen Eigenschaften und macht das Erleben des monadischen Bewusstseins möglich.

Die Stufe des angenommenen Schülers ist daher von großer Bedeutung für die Entwicklung des Individuums. Die Tatsache der Einheit allen Lebens und Bewusstseins macht sie bedeutungsvoll für die ganze Menschheit; denn wenn jemand den Pfad betritt, bewegt er sich nicht von seinen Mitmenschen hinweg, sondern zu immer innigerer Identifizierung mit ihnen hin. Jedes spirituelle Erlebnis derer, die sich auf dem Pfad befinden, spiegelt sich je nach dem Reaktionsvermögen des Einzelnen mehr oder weniger in jedem menschlichen Wesen wider. Bei jeder Bewusstseinsausdehnung und Erleuchtung erstrahlt ein Licht durch die ganze Welt der Seelen, das jedes höhere Selbst erleuchtet, so wie der Sonnenschein am Morgen die Spitzen einer Bergkette aufleuchten lässt.

Die Mehrzahl der menschlichen Individuen hat, wenn sie auch innerlich schon erwacht sind, noch kein Bewusstsein des höheren Selbst erreicht. Ihre Antwort auf solche belebende Einflüsse ist daher zwar schon bestimmt, aber noch schwach; sie werden dadurch dem Erlangen von Selbst-Bewusstsein näher gebracht.

Mit jedem Schritt auf dem Pfad wird das höhere Selbst kraftvoller, strahlt mit größerer Leuchtkraft auf den höheren Ebenen und entwickelt eine stärkere belebende Kraft. Der Adept strahlt am machtvollsten Kraft, Licht und Liebe auf alle lebenden Wesen im Menschenbereich, in den nicht-menschlichen Reichen und im Engelreich aus. Der Dienst, den er seinen Schülern leistet, ist eine zeitliche begrenzte Tätigkeit, sein Dienst für das Leben ist immerwährend, als Teil seines unausgesetzten Dienens für alles Leben.

Wenn einmal das ganze Wesen des Schülers dem Dienst der Welt und seinem Meister geweiht ist, wird das Bewusstsein des Meisters die Grundlage, von der aus er alle Arbeit tut. Der Schüler lebt und wirkt in der Allgegenwart des Meisters, welcher mit der Sonne verglichen werden kann, mit seinen Schülern als kreisenden Planeten, die durch seine Kraft in ihren Bahnen gehalten werden. Der Meister ist der Spender von Leben, Licht und Kraft; die Schüler sind die unvollkommenen Manifestationen der gleichen Dreifaltigkeit; unter seinem Einfluss entwickeln sie sich rasch zu jener Vollkommenheit empor, die er schon erreicht hat. Er ist gleichsam ein Sonnenlogos, sie sind seine planetarischen Logoi. Das Ganze ist eine Vorandeutung jenes Sonnensystems, welches er unter ihrer Mitarbeit einst regieren wird, wenn er den Zustand eines Sonnengottes erlangt haben wird.

Wenn der Schüler unter solchen Bedingungen seine spirituellen Kräfte entfaltet, vermindert sich die Notwendigkeit, beim Meister in dessen Ashram zu weilen. Dennoch lädt der Meister seinen Schüler häufig in seine unmittelbare Gegenwart ein. Der so privilegierte Besucher erfährt eine Intensivierung aller seiner Kräfte, besonders seines Willens voranzukommen. Der Gleichklang zwischen Meister und Schüler ist während dieser Zeit vollkommen, denn die feineren Körper des Schülers befinden sich innerhalb der Aura des Meisters. Eine spirituelle Verschmelzung, eine Vereinigung der beiden Individualitäten findet statt, und man kann sagen, dass der Schüler, soweit es für ihn möglich ist, vorübergehend ein Adept wird. Sein spirituelles Bewusstsein dehnt sich bis zu seinen äußersten Grenzen aus, seine Aura erweitert sich, erglüht, funkelt und strahlt vorübergehend ähnlich jener des Meisters. In dieser innigen Vereinigung und wechselseitigen Harmonie fühlt der Schüler, wie sein ganzes Wesen sich ausweitet. Er erlebt eine intensive Glückseligkeit, als ob seine Seele vor Freude sänge.

In seinem Inneren waltet ein tiefes Schweigen, eine äußerste Stille gleich jener des Unoffenbaren. In der Gegenwart seines Meisters entdeckt der Schüler die unbewegliche Festigkeit, das unerschütterliche Gleichgewicht, in welchem sein höchstes Selbst weilt. Er nimmt, wenn auch nur für einen Augenblick, den mikrokosmischen transzendenten Gott wahr, welcher »er selbst bleibt«, nachdem ein Bruchstück von ihm (als Monade) den Raum (Höheres Selbst und Persönlichkeit) durchdrungen hat, um der immanente Gott darin zu werden.[15]

Diese Ausdehnung des Bewusstseins, die tiefe Glückseligkeit und die innere Ruhe, die nach einem solchen Erlebnis oft viele Tage andauern, sind in der Tat für den Schüler das sichere Zeichen eines Ereignisses, dessen er sich beim Erwachen möglicherweise nicht im Detail erinnert. Die beim Erwachen in das Bewusstsein mitgebrachte Erinnerung an den Meister ist häufig ohne Gestalt und wird als die Vision von einem glühenden und strahlenden Licht – gleich einer spirituellen Sonne – übertragen. Aber in Wahrheit steht hinter dieser Erinnerung das Wissen

---

15 Vergleiche in der Bhagavad Gita: »Nachdem ich dieses Weltall mit einem Bruchstück meiner selbst durchdrungen habe, bleibe ich doch, der ich bin.«

von seiner Erscheinung, seiner Persönlichkeit und seinem vollkommenen Verständnis für jeden Aspekt der Natur des Schülers. Ein Gefühl vollständiger und vollkommener Freundschaft wird empfangen, verbunden mit der tiefen Ehrerbietung, welche der angenommene Schüler empfindet. Die alles überragende Erfahrung aber besteht aus Erleuchtung, Glück, Inspiration, neuen Ideen und Vorstellungen von seiner Arbeit, aus der Kraft und Fähigkeit, alle Probleme zu lösen und alle Schwächen zu meistern, sowie aus einer erneuten Entschlossenheit, so rasch als möglich zu wachsen, um dem Meister gleich zu werden.

Ein Teil des Trainings des Schülers besteht darin, sein Gehirnbewusstsein mittels Meditation für diese Arbeit zu öffnen und die Fähigkeit zu entfalten, sich genau an die Worte des Meisters zu erinnern, seine Eingebungen richtig auszudeuten und einen Mechanismus von Inspiration und Geisteskraft in seinem Inneren aufzubauen und in Bewegung zu setzen, so dass er die Winke des Meisters jederzeit willentlich in seine Persönlichkeit herabholen kann.

In diesem Stadium durchstrahlt das goldene Licht von Buddhi[16] die Erfahrungen des Schülers in den höheren Welten. Es beginnt, in sich ein Gefühl von Allgegenwart zu entwickeln sowie die Kraft, sich gedanklich an entfernte Orte zu versetzen. Der Meister selbst erscheint als die Verkörperung des buddhischen Bewusstseins, als ein glanzvolles Wesen aus goldenem Licht. Von dieser Vision erhoben, dehnt der Schüler sein eigenes Bewusstsein aus in dem Versuch, die Verwirklichung der Einheit mit dem Leben, die sein Meister errungen hat, und seine

---

16 Es wird uns mitgeteilt, dass auf der Kausalebene die Farben des Spektrums gesehen werden, auf der buddhischen Ebene hauptsächlich Weiß und Gold und auf der atmischen Ebene nur Weiß.

Allgegenwart zu teilen. Es ist ein erster Versuch, so wie er mit dem gesamten Leben des Sonnensystems zu verschmelzen. Ihm erscheint dieses Leben wie ein goldflüssiges Feuer, das überall gegenwärtig ist und durch alle Welten strömt. Trotz seiner universalen Ausbreitung, scheint dieses Leben doch vorgeschriebenen Stromwegen zu folgen, die etwa den Arterien und Venen im Kreislaufsystem des menschlichen Körpers entsprechen. Arterien, Venen und kleinste Kapillaren tragen das Leben Gottes durch das ganze materielle Universum und darüber hinaus. Dieses lebendige, glühende Netz oder Gewebe des einen Lebens scheint aus Miniatur-Zentren oder -Sonnen zu bestehen, die sich so schnell bewegen, dass sie die Wirkung eines ununterbrochenen Stromes hervorrufen. Jedes Lebenspartikel ist tatsächlich eine Sonne, ein Teil und doch das Ganze, ein Zentrum des Einen Lebens und doch zugleich dieses Leben selbst in seiner ganzen Vollkommenheit.

Irgendwo inmitten dieser Myriaden von Sonnen gibt es eine übergeordnete, einer höheren Dimension angehörende Sonne, eine Sonne, welche alle anderen einschließt und, unsichtbar, aber doch gekannt, das Herz jeder einzelnen Miniatursonne ist. Infolge dieser Tatsache ist die Haupterfahrung des Schülers jene der Einheit mit einem alldurchdringenden Sein, das unbenennbar und jenseits der vollen Reichweite seines Bewusstseins ist. Jeder Versuch, es in seiner Meditation zu erfassen, bringt den Schüler dem Meister näher, welchen er glorreich verklärt in dem goldenen Meer des Lebens erblickt, eins mit dem Leben in jeglicher Gestalt, eine vollkommene Offenbarung der allgegenwärtigen Gottheit.

11. Kapitel

Unvollkommene Vollkommenheit
Die Arbeit des Schülers
Die Notwendigkeit der Reinheit
Universale Liebe

Die wesentlichen Tatsachen, welche die Adeptschaft betreffen, beziehen sich weniger auf körperliche oder persönliche Vollkommenheit, als auf die vollkommene Entfaltung des Bewusstseins. Alle Vollkommenheit ist notwendigerweise relativ. Körper und äußere Persönlichkeit selbst des höchsten Adepten weisen, wenn sie auch vom menschlichen Gesichtspunkt aus vollkommen sein mögen, doch noch immer Unvollkommenheiten auf. Diese sind in der Materie begründet, aus welcher die Körper aufgebaut sind, sowie in dem allgemeinen Bewusstseinszustand der Menschheit auf der mentalen und emotionalen Ebene. Die Persönlichkeit des Adepten ist daher durch die Entwicklungsstufe des Erdballs, auf welchem er lebt, bedingt. So paradox es klingen mag, unterliegt auch die Art der Vollkommenheit selbst der Entwicklung, so dass aufgrund der allgemeinen Entwicklung des Erdballs der Adept von heute »vollkommener« ist, als es der Adept vor einer Million Jahre war.

Das Bewusstsein eines Adepten hingegen ist außerplanetarisch und daher weniger durch die Materie des Erdballs beschränkt als seine persönlichen Hüllen. Der Adept lebt in bewusster Einheit mit der übergeordneten Geistwesenheit des Sonnensystems und ist daher verhältnismäßig frei von den Begrenzungen eines besonderen Planeten. Mit seiner fortschreitenden Entwicklung erreicht er die Vereinigung mit dem Leben des Sonnensystems und schließlich auch mit der Kraft desselben. Auf solche Weise mit der solaren Dreieinigkeit verbunden, ist sein Bewusstsein praktisch frei von individuellen Beschränkungen. Gleichzeitig vermag jedoch seine auf einem bestimmten Planeten lebende Persönlichkeit diesem so ausgedehnten Bewusstsein infolge der Zustände auf diesem Planeten und infolge des Entwicklungsgrades des planetarischen Stoffes und Bewusstseins nur einen begrenzten und unvollkommenen Ausdruck zu geben.

Der Schüler sollte darum seine Gedanken mehr auf das Bewusstsein seines Meisters richten als auf dessen Persönlichkeit. Da er eins mit diesem Bewusstsein ist, teilt er in dem vollsten Maße, das für ihn möglich ist, die Einheit seines Meisters mit der übergeordneten Intelligenz, dem Leben und der Kraft des Sonnensystems. Er sollte daher mehr über das Eine Bewusstsein des Höchsten meditieren als über einen besonderen Adepten. Doch kann er in Liebe und Verehrung zu seinem Meister emporstreben und so aus dem persönlichen Bewusstsein in das des Selbst übergehen und vom Selbst-Bewusstsein in das universale Bewusstsein.

Als der Schüler auf Probe angenommen wurde, wurde zwischen ihm und seinem Meister ein Band geschaffen, welches die

Möglichkeit sichert, sich jeder Zeit willentlich mit ihm verei-
nen zu können. Bei der endgültigen Annahme wurde das Bewusstsein der beiden verschmolzen, und auf der Stufe der Sohn-
schaft[17] wird eine außerordentlich enge innere Einheit erreicht.
Obwohl der Schüler sich dessen in seinem höheren Selbst voll
bewusst ist, ist er sich in seinem Gehirn darüber nur sehr un-
deutlich im Klaren. Ein Teil seiner Aufgabe als Schüler besteht
darin, das Wissen von dieser Beziehung in sein Gehirnbewusstsein herabzubringen und die Fähigkeit zu entwickeln, willentlich in das Bewusstsein des Meisters einzutreten.

Dies wird durch tägliche Meditation und durch eine besondere Art der Lebensführung erreicht. Die Meditation besteht darin, das Bewusstsein mit der ganzen Kraft des Willens auf den
Meister zu richten, in der Absicht, eins mit dem Meister zu werden und durch ihn mit dem universalen Bewusstsein. Die Methode wird je nach dem Temperament oder Strahl des Schülers
verschieden sein. Bei manchen wird der »Wille zum Erfolg« vor-
herrschen, bei anderen Liebe und Mitgefühl, manche werden
Denkkraft und Vernunft gebrauchen und andere wieder Anbetung und Verehrung. Jeder Schüler findet selbst seinen eigenen
Weg zum Bewusstsein des Meisters.

Der Meister wiederum bemerkt sofort die auf ihn gerichtete
Meditation. Er antwortet auf die Gedanken des Schülers, inspiriert ihn und lenkt seine Anstrengungen. Der Meister spricht
während der Meditation nur selten mit dem Schüler, aber er
überflutet dessen höheres Selbst, und durch dasselbe die Persönlichkeit, mit Kraft, Licht und Segen.

---

17 Vergleiche »Die Meister und der Pfad« von C. W. Leadbeater.

Allmählich durchbricht der Schüler die Beschränkungen seines Gehirns und seines Temperamentes, welche ihn daran hindern, sich dieser Verbindung zu seinem höheren Selbst physisch bewusst zu werden, und er findet sich imstande, das Bewusstsein seines Meisters willentlich zu berühren. Danach wird eine tägliche meditative Gemeinschaft mit dem Meister begründet.

Wenn er in dieser täglichen Gewohnheit und regelmäßigen meditativen Übung nachlässt, bleibt der Schüler, soweit es sein Bewusstsein anbelangt, vom höheren Selbst getrennt. Er fühlt keine Verbindung mit dem Meister, und die Beziehung verliert ihre Realität. Unter solchen Umständen wird die Nützlichkeit des Schülers als Stromweg für den Einfluss des Meisters stark vermindert.

In seinem täglichen Leben übt der Schüler sich in beständiger innerer Sammlung und gestattet es niemals irgendwelchen äußeren Umständen, seine Aufmerksamkeit voll in Anspruch zu nehmen. Gedanklich behauptet die Tatsache seiner Schülerschaft einen dauernden Platz in seinem Gemüt, so dass sie beständig sein Denken, Fühlen und Sprechen und seine Lebensführung beeinflusst. Durch diese beiden Gewohnheiten, Meditation und gesammelte Wachsamkeit im täglichen Leben, kann der Schüler sein persönliches Bewusstsein in eine dauernde Verbindung mit jenem des Meisters bringen und in ununterbrochener Bewusstheit seiner Beziehung zu ihm leben. Sobald er dies erreicht hat, ist er der vollkommene Schüler geworden und bereit, in die nächste Phase seines spirituellen Lebens einzutreten, in der er geistig wiedergeboren wird.

Das Bewusstsein des Meisters schließt jenes aller seiner Schüler ein, denn für ihn ist das Wissen von seiner Beziehung zu ihnen ungebrochen. Er sieht sie alle als Teile seiner selbst und nimmt an ihren Misserfolgen wie auch an ihren Erfolgen teil. Sie sind für ihn wie Planeten für eine Sonne, und er ist für sie wie eine Sonne für ihre Planeten.

Das Leben eines Schülers ist ein geheiligtes, denn, obgleich er in der Welt lebt, ist er doch nicht von ihr. Er lernt, in dem unverletzlichen Heiligtum seines eigenen geläuterten und geweihten Herzens zu leben. Er ist ein Tempel, in dem die Kräfte seiner spirituellen Natur bewahrt werden, in dem die Wahrheit geoffenbart wird und von dem aus all dies der Welt gespendet wird.

Es ist von der allergrößten Bedeutung für den Schüler, die Unverletzlichkeit dieses Heiligtums zu bewahren. Wenn er weltlichen und profanen Gedanken, Gefühlen und Handlungen den Eintritt gestattet, erleidet er einen Verlust an Kraft, und seine Schau der Wahrheit wird getrübt.

Er zieht die Menschen, denen er helfen will, nicht in seine eigene geistige Wohnstatt hinein, er hilft ihnen vielmehr, das Heiligtum der Kraft und Wahrheit in sich selbst zu finden. Er leitet sie an, dieses zu entdecken, nicht aber stellvertretend seine Errungenschaften zu genießen. Kraft und Wahrheit, die er unangemessen an sie verschwendet, könnten sich als Hindernis für ihr Wachstum erweisen, denn jeder muss seine eigene ihm innewohnende Spiritualität entdecken und seine eigene Kraft entfalten. Der Schüler ist darum innerlich von Menschen und Dingen losgelöst, weil er weiß, dass jeder sein eigenes universales Licht in sich trägt.

Seine Lebensführung vor der Welt muss die Ideale widerspiegeln, denen er sich angelobt hat. Der Widerstreit zwischen seinem äußeren und inneren Leben muss so gering wie möglich sein, denn jeder Widerstreit im Schüler führt zu Fehltritten bei jenen, die von ihm Licht und Wahrheit erwarten. Wenn solche

Menschen den Widerspruch zwischen seinen Idealen und seiner Lebensführung sehen, werden sie sich ähnliche Freiheiten erlauben. Auf diese Weise würde der Schüler, statt ein Licht inmitten der Dunkelheit zu sein, die Dunkelheit noch vertiefen.

Fortwährende Wachsamkeit, die Gewohnheit, sich in das innere Heiligtum zurückzuziehen, und ein furchtloses Eintreten für die Sache der Wahrheit und Gerechtigkeit sind wesentlich für das Leben des Schülers. Er darf nicht auf die Worte anderer achten, wie hochgestellt sie auch sein mögen, wenn sie dazu führen, ihn in seinem Festhalten an der Sache zu schwächen. Sein eigenes inneres Licht ist seine sichere Erleuchtung, sein unfehlbarer Führer. Diesem Licht entgegen wandert er Tag um Tag, Jahr um Jahr, bis er selbst zum Licht wird. Täglich muss er es – während die Jahre dahinfließen – durch sein ganzes Leben und Wirken leuchten lassen und sich immer durchlässiger für sein Strahlen machen. Licht ist Wahrheit und Wahrheit ist Licht; der Pfad des Schülers ist ein Pfad des Lichtes.

Da sein Leben eins mit dem Leben des Meisters ist, müssen seine Handlungen diese Gemeinschaft würdig vertreten. Kein Gedanke, kein Gefühl und keine Tätigkeit darf er sich gestatten, welche die vollkommene Reinheit des Lebens und des Bewusstseins des Meisters beflecken würden. In dem Augenblick, in dem eine Unreinheit in das Leben des Schülers eintritt, bildet sich eine Schranke. Das Bewusstsein des Meisters zieht sich instinktiv von dem zurück, womit er keine Schwingungsharmonie hat. Der Meister fühlt dieses Zurückschrecken fast wie eine Erschütterung, denn durch dieses oft plötzliche Schließen des Kanals wird der Strom seines nach außen fließenden Lebens eingedämmt. Seine Kraft weicht zurück und sucht reinere Stromwege, bis die Unreinheit beseitigt und der Weg wiederhergestellt ist.

Der Schüler muss nach vollkommener Reinheit streben; dies kann durch Kontemplation über die innere Wahrheit erreicht werden. Sein Bewusstsein muss so fest in der Wahrheit verankert sein, dass Unreinheit, welche relative Unwahrheit ist, darin keinen Raum finden kann. Unreinheit wird nicht durch Kampf mit ihrer Ursache überwunden – einem unreinen Gedanken, Gefühl oder physischen Erleben –, sondern durch ein Sich-Zurückziehen in das Reich des völlig Reinen, in das weiße Licht der Wahrheit.

Unreinheit ist die Ursache des fortwährenden Krieges zwischen den Gliedern des Körpers, und erst wenn sie überwunden ist, hat der Streit ein Ende. Unreinheit ist eine Verleugnung der Wahrheit, denn Spaltung und Zwietracht sind das Gegenteil von Einheit, der endgültigen Wahrheit. Unreinheit zerstört das klare Denken, beschmutzt die Liebe und erniedrigt den Körper, den irdischen Tempel des innewohnenden Gottes. In ihr liegt eine persönliche Einstellung zum Leben, Ausschließlichkeit in den Zuneigungen und Absonderung in der Lebensführung beschlossen; sie wird dadurch zur Antithese der Wahrheit, welche unpersönlich ist und das Ganze einschließt. Das Leben, das vollkommen rein ist, gehört dem Ewigen an.

Der Schüler, dessen Schulung zum Teil darin besteht, mitten in der Unreinheit und Getrenntheit der äußeren Welt zu leben, muss mit strenger Wachsamkeit und stählernem Willen über seiner Lebensführung wachen, über seinem äußeren Verhalten, seinem Fühlen und seinem Denken.

Die Reinheit wird zu einem leuchtenden Gewand, mit dem der Schüler bekleidet wird, und ein flammendes Juwel in der Krone des Eingeweihten. Mit der Liebe vereint, führt sie zur Befreiung, zur Adeptschaft, denn Reinheit und Liebe sind die beiden Pfeiler des Torweges, der zum ewigen Frieden und zu unaussprechlicher Seligkeit führt.

Von aller Unreinheit befreit, wird die Liebe des Schülers immer unpersönlicher. Dadurch, dass er seiner Liebe steten Ausdruck gibt, wächst seine Liebeskraft, bis sie aus ihm leuchtet, gleich den Strahlen der Sonne, und sich, ohne an Erwiderung zu denken, auf alle ergießt. Wenn seine Zuneigung erwidert wird, so verbindet er sie mit seiner eigenen Liebe und bringt sie dem Meister dar als dem einen Geliebten, dem höchsten Empfänger aller Liebe.

Der Schüler richtet seine Liebe nicht allein auf den Meister als eine einzelne Wesenheit, er verehrt in ihm auch das höchste Beispiel spirituellen Lebens, das Urbild höchster Vollendung und die vollkommene Offenbarung der Liebe des Höchsten. So entfaltet und verwirklicht der Schüler jene universale Liebe, die ewig von Selbstsucht und Verlangen unbefleckt ist. Er darf nicht erlauben, dass Unvollkommenheiten den Strom dieser höchsten Liebe durch ihn behindern, sondern muss vielmehr danach trachten, diese Liebe in all ihrer Reinheit einer Welt in Not zu vermitteln. Er muss die Herzen der Menschen für die wahre Natur der Liebe, für Selbstaufopferung, Dienst und Selbstlosigkeit erwecken, durch die allein spirituelle Liebe sich offenbaren kann.

Die Liebe ist wahrhaft ein Feuer. Persönliche Liebe weckt im Menschen die Flamme von Leidenschaft und Verlangen. Universale Liebe erweckt die Flamme des Genius, des Heroismus im Menschen; sie entspringt aus der Schau des einen Selbstes in allem, aus jener Schau, die, wenn sie einmal gewonnen ist, den Menschen inspiriert, alles zu lieben, was lebt.

12. Kapitel

Der Wert der Meditation
Der Pfad der raschen Entwicklung
Spirituelle Erziehung

Die Entwicklung des Willens ist von größter Bedeutung für alle, die den Pfad betreten möchten. Sie kann zum Teil mittels der Meditation des Willens erlangt werden, in welcher man sich den Meister und später sich selbst als einen *Herrn des Willens* vorstellt, als eine Verkörperung des göttlichen Willens, als einen allmächtigen Gott. Durch das zwischen Meister und Schüler bestehende Band der Einheit wird die Willenskraft des Schülers gestärkt, wenn er sich den Willensaspekt des Meisters vergegenwärtigt. Alle Dinge erscheinen ihm dann möglich. Es kommt ihm so vor, als seien seine persönlichen Schwächen leicht zu meistern und seine Probleme in der physischen Welt einfach zu lösen, da sie ihm als ein Teil des Weltproblems und nicht mehr ihn allein berührend erscheinen. Er sieht sich als ein Zentrum des Willens in der äußeren Welt, kraft seiner eigenen wachsenden Selbstbemeisterung dieser Welt bei der Überwindung ihrer Schwächen helfend.

Wenn der Meister seinem Schüler dabei hilft, lässt er die benötigte Eigenschaft oder Kraft in sich selbst machtvoll aufleuchten, und da der Schüler zumindest einen Keim dieser Eigenschaft bereits besitzt, ist er fähig, darauf zu reagieren. Durch diese Reaktion verstärkt sich jene Eigenschaft in ihm. Sobald er wirklich erweckt ist, kann der Schüler die ihm innewohnende Kraft selbst durch Meditation vermehren und entfalten.

Bei dieser Lehrmethode scheinen zwischen Meister und Schüler keinerlei Worte zu fallen, der Erfolg hängt gänzlich von der Empfänglichkeit des Schülers ab. Der Meister regt an, der Schüler reagiert und setzt nachher den Vorgang der Entfaltung selbst durch tägliche Übung fort.

In der Gegenwart des Meisters erlangt der Schüler auf geheimnisvolle Weise eine Verbindung mit dem Adepten, der er einmal werden soll. Vielleicht ist dies der größte Dienst des Meisters, dass er seinen hingebungsvollen Schüler in die Reichweite seiner eigenen Vervollkommnung bringt.

Der Pfad der raschen Entwicklung besteht für den Schüler darin, auf diese Weise eine Eigenschaft und Kraft nach der anderen aus den geistigen Tiefen seiner Natur hervorzuholen, in der alle Eigenschaften und Kräfte schlummernd ruhen, sie zur Offenbarung in seinem Alltagsleben zu zwingen und so den zukünftigen Adepten schon jetzt in Erscheinung treten zu lassen.

Diese Kraft der Selbstentfaltung, der inneren Reifung und der Erleuchtung, in der sogar die Zeit selbst bis zu einem gewissen Grade überwunden wird, wird dem Schüler dadurch möglich gemacht, dass der Meister ihm gnädig seine eigene Vollkommenheit darbietet. Da er diese große Vollendung errungen hat,

ist er fähig, in gewissem Maße den Vorgang der Vervollkommnung in einem anderen zu initiieren. Dies bedeutet nicht, dass
der Meister seine Kräfte auf den Schüler überträgt, sondern dass
er den Schüler durch seine Wesensverwandtschaft mit ihm befähigt und anregt, die gleichen Fähigkeiten in sich selbst wachzu-
rufen. Diese sind in jedem menschlichen Wesen keimhaft vorhanden und werden normalerweise während des langsamen allgemeinen Entwicklungsvorganges erweckt und entfaltet.

Solange der Schüler imstande ist, den vollkommenen Einklang seines Bewusstseins mit dem des Meisters aufrechtzuerhalten, geht dieser Belebungsvorgang auf der Ebene des Egos
ununterbrochen vor sich. Wenn er in die Gegenwart des Meisters gerufen wird, werden seine persönlichen Körper erleuchtet und erweitert, so dass die Ergebnisse der Entwicklung seines
Selbst in der Persönlichkeit vollkommeneren und natürlicheren
Ausdruck finden.

Während der Meditation, wenn Verstand und Gehirn zu
größter Stille gebracht sind, werden die Früchte dieser inneren
Vorgänge vom Wachbewusstsein aufgenommen. Gestärkt und
erleuchtet, verleiht ihnen der Schüler dann in zunehmendem
Maße Ausdruck in seinem täglichen Leben. Dadurch schafft er
eine Verbindung zwischen seinen höchsten und seinen niedersten Tätigkeiten und erreicht allmählich eine Koordinierung
seiner ganzen Natur.

Dieser Vorgang, sich im Gehirn seines Selbstes bewusst zu werden, ist von ungeheurem Wert. Nicht nur macht er den Schüler
stark und fest inmitten der physischen Prüfungen des esoterischen Pfades, besonders der des Zweifels, sondern er verhindert
auch, dass der persönliche Fortschritt hinter der Entwicklung
des höheren Selbstes zurückbleibt. Er hält das Handeln, Füh-

len und Denken im Alltagsleben beständig auf gleicher Höhe. Er weitet die Stromwege zwischen dem Meister, dem höheren Selbst und der Persönlichkeit des Schülers und hält sie offen.

Die Tatsache der Schülerschaft gewährt freien Zutritt in die geistige Gegenwart des Meisters, so dass zusätzlich zu der mystischen Vereinigung des Bewusstseins auch eine spirituelle Verbindung und Zusammenarbeit zwischen Schüler und Meister geschaffen wird. Der Schüler wird gelehrt, seine höheren Körper zu nutzen und die Kräfte der feinstofflichen Welten zu beherrschen. Er wird sowohl in der physischen Arbeit geführt, die er im Dienste der Welt leistet, als auch in den höheren Aufgaben, welche seine regelmäßige Arbeit während des Schlafes seines Körpers darstellen.[18]

Diese letzteren bestehen darin, dass er kürzlich Verstorbene betreut, Leidenden und Hilfsbedürftigen sowohl in den inneren als auch in den äußeren Welten Beistand leistet, helfend am Schauplatz großer Katastrophen erscheint und innerhalb von Schülergruppen Lehren empfängt oder selbst lehrt. Wenn es notwendig ist, wird, besonders wenn die Verbindungswege durch Meditation offengehalten sind, die Erinnerung an diese Tätigkeit während des Schlafes beim Erwachen oder zu einer anderen Zeit des Tages ins Gehirn übertragen.

Der Schüler erhält gelegentlich auch während des Tages Belehrungen von seinem Meister über die Ausführung seiner Arbeit. Er wird als Stromweg für die spirituellen Kräfte des Meisters und der Großen Bruderschaft benützt und wird dadurch zu einem Segensspender für die Welt. Der Meister selbst erhält durch seine Schüler eine Erweiterung seines persönlichen Be-

18 Vergleiche das Buch »Unsichtbare Helfer« von C. W. Leadbeater.

wusstseins, denn da er in bewusster Einheit mit ihnen lebt, hat er an allen ihren Tätigkeiten teil.

Das Band der Liebe zwischen Meister und Schüler ist die innigste und schönste Beziehung, die es gibt. Der Meister versteht den Schüler vollkommen, er trägt ihn mystisch in seinem Herzen, durchstrahlt ihn mit einer tiefen spirituellen und daher unpersönlichen Zuneigung, nimmt an seinen Siegen teil und hilft ihm, sich nach Niederlagen wieder aufzurichten. Dies führt zur Entfaltung einer großen Liebe zwischen ihnen, spirituell-väterlich auf der einen und ehrfürchtig-kindlich auf der anderen Seite. Es ist ein Band, das dauerhafter ist als die Zeit selbst, denn ihre Liebe währt in alle Ewigkeit.

Die Bildung solch eines innigen Bandes ist in dem Plan für die Entwicklung der Menschheit mit vorgesehen. Die Meister werden in einem späteren Zeitalter große spirituelle Herrscher, Lehrer und Führer sein, und ihre ehemaligen Schüler, die dann Adepten geworden sind, werden ihre Statthalter auf den gleichen Tätigkeitsfeldern sein. Noch später, wenn sie die Herrschaft über die Welt angetreten haben, werden diese Statthalter selbst zu *Herren des Willens*, der *Weisheit* und des *Intellektes* werden, zu hohen Würdenträgern der Geistigen Hierarchie jener Zeit.

Wenn der gegenwärtige Meister zur Regierung interplanetarischer Sphären und zur Herrschaft über ein Sonnensystem emporgestiegen sein wird, dann werden diese hohen spirituellen Wesen zu seinen Regenten auf den einzelnen Planeten werden. So setzt es sich fort durch die Perioden des Werdens und Vergehens von Sonnensystemen und ganzen Sternenwelten – die Bande solcher Liebe bleiben ungebrochen durch alle Zeiten.

13. Kapitel

Der angenommene Schüler
Die Neugeburt
Die Einweihung
Der Strom des Lebens
Die Arbeit des Eingeweihten

In dem Vorgang der »Annahme«, in dem der Schüler in das innerste Wesen und Bewusstsein des Meisters aufgenommen wird, vollzieht der Meister für den Einzelnen denselben Dienst, den er fortgesetzt für die Menschheit als Ganzes leistet.

Die Annahme ist eine individuelle Sühne. Das Mysterium der stellvertretenden Sühne[19] wird in seiner höchsten Form von Meister und Schüler vollzogen. Das allgemeine und fortwährende Sühneopfer, das der Meister für die ganze Welt darbringt, ist notwendigerweise – soweit es den Anteil jedes einzelnen Menschen betrifft – weniger wirksam, als es die Annahme für den

---

19 Vergleiche »Esoterisches Christentum« von A. Besant.

Schüler ist. Da aber das Wesen des Schülers eins mit jenem der Menschheit ist, so nimmt auch die ganze Menschheit in gewissem Maße an den Errungenschaften und Erfahrungen des Schülers teil.

Der Schüler kann, wenn er will, in sich selbst einen ähnlichen Vorgang allgemeiner und individueller Sühne wirksam werden lassen. Wenn z. B. ein anderer Mensch seine besondere Liebe wachruft, kann er ihn geistig in den Mittelpunkt seines Wesens ziehen und bewusst mit ihm in das Herz des Meisters eingehen. Während eines solchen Erlebnisses teilt der Schüler mit seinem Freund so viel von dem Wachstum seines Bewusstseins und dem Segen des Meisters, als der Freund aufnehmen kann. Der Freund wird dann seinerseits verklärt aus dem Herzen des Meisters hervorgehen, so wie es bei dem Schüler selbst der Fall war, als er zum ersten Male dort empfangen wurde.

In dem Maße, in dem seine Kräfte sich entfalten, kann der Schüler dieses Werk ausdehnen, um ganze Gruppen von Menschen, Auditorien, Versammlungen, Völkern zu umfassen, und zwar Lebende wie auch Verstorbene. Er kann auch Wesen aus dem Naturgeister- und Engelreich in sein Herz aufnehmen, denn von nun an gibt es keine Schranken zwischen ihm und dem Leben in irgendwelcher Gestalt. Auf diese Weise lernt er allmählich, jene gänzliche und vollkommene Verwirklichung der Einheit, in welcher der Meister lebt, auf Erden zu offenbaren und sie mit allen Wesen zu teilen.

Diese Hilfe, ob vom Meister oder vom Schüler gegeben, ist in keiner Weise etwas Äußerliches, denn die wahre Versöhnung erfolgt im buddhischen Bewusstsein, in dem nichts außerhalb des einen Selbst existiert. Auf dieser Ebene sind der Meister, der Schüler und die Welt eins und unteilbar. Im Bewusstsein des höheren Selbst wird, obwohl Subjekt und Objekt hier geschaut und unterschieden werden können, doch die Einheit im Wesen erkannt. Auch hier wird die vom Meister gewährte Hilfe vom Schüler weit mehr in seinem Inneren empfangen als von außen. Der Schüler wiederholt seinerseits den gleichen Vorgang für die Welt, sofern seine Entwicklung es gestattet. Mit jedem Schritt auf dem Pfad wird seine Wirksamkeit als eine vereinigende Kraft stärker, bis er schließlich die Meisterschaft erlangt und bewusst mit dem »Vater« eins wird und mit allem, was lebt.

Die Stufe der Annahme ist daher sowohl für den Einzelnen als auch für die ganze Welt von außerordentlicher Bedeutung, denn die Vereinigung von Meister und Schüler ist eine Vorahnung der schließlichen bewussten Vereinigung aller Menschen mit Gott.

Wenn die Zeit reif ist, muss die Individualität des Schülers sterben. Allem, wonach er gestrebt und was er während seiner stofflichen und mentalen Entwicklung gewonnen hat, muss er dann entsagen. Alle persönlichen Ansprüche, selbst jene auf Unsterblichkeit, müssen aufgegeben werden, denn nur, wenn das alte Selbst hingegeben worden ist, kann das neue Selbst geboren werden. Dies ist die Christus-Geburt im menschlichen Herzen. Das neugeborene Kind ist das Symbol der absoluten Ergebung, der vollständigen Entsagung.

In diesem »neugeborenen« Zustand, symbolisch schwach und unschuldig in einer neuen Welt, wird der Schüler der Gegenstand zarter Fürsorge seitens des Meisters. Dieser ist der „Josef" der christlichen Allegorie, der Zimmermann, der geschickte Handwerker, der geholfen hat, das neugeborene Kind zu bilden. Die ewige Mutter des Universums, Maria, das Symbol geistiger Mutterschaft, pflegt das Kind auch, während die Engelscharen es umschweben und den Grundton und Akkord des Neugeborenen verkörpern und ertönen lassen, sein schöpferisches Wort der Macht. Die so wiedergeborene Seele ist dem tierischen und dem normalen menschlichen Zustand, symbolisiert durch die Tiere und die Hirten, entwachsen, und nun folgt die spirituelle Geburt in Gegenwart der Älteren Brüder und der Engelscharen.

Dies ist die Einweihung[20], die Geburt der spirituellen Seele des Menschen; es ist eine echte Schöpfung, denn aus der Verbindung von göttlichen und menschlichen Eigenschaften, die vor sich geht, während das Tor durchschritten wird, ist eine neue Frucht erzeugt worden. Bisher hat der Mensch spirituell »im Mutterleib« gelebt; jetzt tritt er als eine spirituelle Wesenheit hervor, die sich ihrer selbst in den ihr verhältnismäßig neuen Regionen bewusst ist.

Die Intuitions-Welt und die höhere spirituelle Welt liegen nun offen vor ihm, und während er von spiritueller Jugend zu spiritueller Reife weiterschreitet, dringt er allmählich tiefer und tiefer in diese Welten ein. Er befindet sich noch im »Mutterleib«, sofern es die höheren Regionen betrifft, denn die ganze Schöpfung lebt im Schoße des Mutter-Aspektes des Höchsten. Tatsächlich besteht die Entwicklung aus einer Reihe von Geburten, und bei jeder von ihnen wird der Mensch in eine neue Welt hineingeboren.

Bei dieser ersten Einweihungsgeburt erhält der Mensch die Kraft der Herrschaft über und daher der Freiheit in den drei Welten des Denkens, des Fühlens und des physischen Handelns, in denen er bisher gefangen war. Diese dreifache Kraft wird in der christlichen Legende durch die Gaben von Gold, Weihrauch und Myrrhe symbolisiert, welche von den drei Weisen zu Füßen des Christus-Kindes niedergelegt werden. Die Magier ha-

---

20 Vergleiche »Einweihung« von A. Besant.

ben ihre Urbilder in den Älteren Brüdern, in deren Gegenwart die Geburt stattfindet. Es sind die *Herren des Wissens*, der *Liebe* und des *Willens*, welche anwesend sind und ihren Segen und ihre besondere Kraft über den Schüler ausgießen.

Von nun an ist er zum ersten Mal in seiner irdischen Existenz ein freier Mensch, frei in dem Sinne, dass weder Einzelmenschen noch ein Volk ein Anrecht auf ihn haben. Sein Leben ist ausschließlich dem All-Einen hingegeben. Maria, die Mutter Jesu, erfuhr dies in der Antwort, die jener ihr auf ihren Vorwurf wegen seiner Abwesenheit im Tempel gab: »Wusstet ihr nicht, dass ich sein muss in dem, was meines Vaters ist.«[21] Dies ist die Antwort, welche alle Eingeweihten jenen geben müssen, die versuchen, sie an die Vergangenheit zu binden. Dem Eingeweihten scheint es, dass nicht er selbst, sondern die Welt sich verwandelt hat, und dieser scheinbaren Verwandlung muss er sich allmählich anpassen. Wo er in der Vergangenheit Spaltung, Getrenntheit und Sünde sah, sieht er jetzt Einheit, Verwandtschaft und Erfahrung. Er beginnt endlich, das Leben als ein Ganzes zu sehen, die alles durchdringende Gegenwart des Höchsten wahrzunehmen und zu empfinden sowie seine Einheit, seine Identität mit anderen Menschen, mit der Natur und mit den sogenannten unbeseelten Dingen zu erkennen. Es wird ihm offenbar, dass die Formen nur von Leben erfüllte Gefäße und die Körper durch in ihnen wohnende göttliche und heilige Wesen geheiligte Tempel sind. Sonne, Sterne und Planeten sind nicht länger fern, sondern er hört und versteht die Musik, die aus ihnen ertönt. Er erkennt, dass er und sie miteinander in Beziehung stehende Teile des großen Tonwerkes sind, welches der göttliche Musiker durch alle

---

21 Lukas 2, 49

Zeiten erklingen lässt. Die einzelnen Leben sind nur Takte, die wiederkehrenden Tode Pausen; und jede Entwicklung fügt der Strophe neue Zeilen, der Skala neue Töne hinzu. Die Symphonie der Schöpfung wird reicher und großartiger von einem Zeitalter zum anderen. Während ihm dieses Wissen zuströmt, lernt er ‚seinen eigenen Akkord vollkommener erklingen zu lassen, denn nun weiß er, dass der unsichtbare Komponist und er selbst eins sind. Er beginnt von jetzt an, seinen Weg durch das Leben zu singen. Er sieht die Prüfungen und Wechselfälle des Lebens nur als vorübergehende Dissonanzen an, die später aufgelöst werden und für die größere Harmonie wesentlich sind. Das eigene Ich ist verloren, es wird gleichsam wie eine Note in einem Lied.

Der Strom des Einen Lebens fließt von Ewigkeit zu Ewigkeit, Welten, Sonnen, Planeten und Menschen in sich tragend. Er ist die ewige Lebensflut, der pulsierende göttliche »Blutstrom«, welcher alle Welten belebt. Er ist das Lebenszentrum in jedem Atom und in jeder Zelle, das wesentliche Prinzip, ohne welches nichts existieren könnte.

In diesen Strom ist der Eingeweihte bewusst eingetreten. Sein Weiterschreiten zum »anderen Ufer« hängt davon ab, dass er sich immer bewusster mit diesem Strom identifiziert. Obgleich er schon bisher unablässig in dem ewig flutenden Leben, welches der Strom ist, badete, geboren und wiedergeboren wurde, so kannte er doch noch nicht seine Einheit mit ihm. Obwohl sein tiefstes Selbst von jeher eins mit dem Wesen des Lebensstromes ist, obwohl alle seine Bewusstseinsträger sich auf ihn gründen, obwohl Seele und Körper von ihm durchdrungen und von ihm getragen werden, war er sich doch der Existenz desselben nicht bewusst und hielt sich für etwas Abgesondertes und für sich allein Bestehendes.

Jetzt endlich dämmert die Wahrheit über seinem inneren Bewusstsein auf, und es wird von ihm gesagt, dass er »in den Strom eingetreten« ist, in jenen Strom des Lebens, welcher aus der Ewigkeit des Unbedingten durch die Dauer des Bedingten zurück in die Ewigkeit fließt, aus der Zeitlosigkeit in die Zeit und wieder zurück in die Zeitlosigkeit.

Das, was in ihm ewig ist, immer vereint mit dem Ewigen in allen Dingen, beginnt sein Bewusstsein zu verändern und seine Beziehung zum Leben im zeitlichen Sein umzugestalten. Er nähert sich einer Erkenntnis des ewigen Jetzt. Er wird nun die Zeit, welche ihn bisher versklavt hat, seinerseits überwinden. Die Zeit brachte ihn bis an den Rand des Stromes, jetzt lässt er sie in dem Maße hinter sich, als das Ufer zurückweicht und er sich mehr und mehr mit der Zeitlosigkeit in Einklang bringt.

Er beginnt, die Stille des Nicht-Seienden kennenzulernen, das Schweigen jenseits des Seins, die Dunkelheit jenseits des Lichtes und jenes ruhige Gleichgewicht, welches Energie im Ruhezustand ist. Die letzte Vollendung, der endgültige und immer dauernde Gleichklang mit der Ewigkeit wird sich einstellen, wenn »das andere Ufer« erreicht und Adeptschaft erlangt worden ist.

Das Ego, in welchem bei der Einweihung das innewohnende Leben und der alles durchdringende Geist waches Selbstbewusstsein erlangt haben, erreicht so eine Schau der Immanenz des Höchsten. Die Aufgabe, die vor dem Eingeweihten liegt, besteht darin, die Persönlichkeit zu einer ähnlichen Vergegenwärtigung zu erwecken. Das göttliche Leben im Verstand, in den Gefühlen und im Körper muss ebenfalls zum Selbstbewusstsein erwachen. In jedem dieser Bereiche muss die innewohnende Göttlichkeit erkannt und eine Schau des alldurchdringenden Lebens gewonnen werden.

Die innere Vollendung des Eingeweihten kann viele Jahre oder auch viele Leben in Anspruch nehmen; die Schnelligkeit seines Fortschrittes hängt weitgehend von dem Grad spiritueller Einsicht ab, den er erreicht hatte, bevor er »in den Strom eintrat«. Es gibt viele Nicht-Eingeweihte, die schon ein teilweise erwachtes spirituelles Bewusstsein besitzen, während manche auf dem Pfad Vorangeschrittene noch kein persönliches spirituelles Wahrnehmungsvermögen entwickelt haben. Mit der Zeit muss diese Schau des Höchsten von allen errungen werden, denn dies ist das Ziel, auf das die Menschheit sich hinbewegt.

Die äußere Arbeit des Eingeweihten besteht hauptsächlich darin, als ein Werkzeug für die Energien und Einflüsse der Großen Bruderschaft zu dienen. Er ist jetzt ihr Bote und Repräsentant in der Welt, er lebt nur, um ihren Willen zu tun, welcher der Wille des Höchsten ist. Unerkannt, außer von den wenigen, bewegt er sich unter den Menschen, als ein belebender Einfluss gleich einem »Sauerteig«, als ein Zentrum spiritueller Kraft.

Während er so in der äußeren Welt lebt und arbeitet, erweitert sich fortgesetzt sein spirituelles Bewusstsein. Er dringt immer tiefer in die inneren geistigen Reiche ein, deren Glanz ihn nun zu umstrahlen beginnt. Seine Aura leuchtet, seine Gedanken gewinnen eine Kraft, seine Gefühle eine Tiefe und Stärke, die ihn zu einem machtvollen Menschen machen, wo immer er auftritt. Seine Stimme wird zu einem Träger der Kräfte des spirituellen Willens. Seine Augen sind von Licht erfüllt, sein Blick gleicht oft einem Feuerstrahl – durchdringend wie der eines Adlers, gebieterisch wie der eines Löwen, edel wie der eines Königs, klar und rein wie der eines kleinen Kindes, doch gütig und barmherzig wie der eines Christus.

Die Eigenschaften der Barmherzigkeit und der allumfassenden zarten Liebe sind in seinem Herzen geboren worden. Er hat freiwillig alle abschirmenden Wälle niedergebrochen, und sein Herz ist nun offen für die Leiden der Welt. Er hat die Rüstung der Selbstsucht abgelegt, den Schild der Getrenntheit von sich geworfen und ist über die Maßen verwundbar geworden für Verletzungen, die ihm durch die Unwissenheit der Welt zugefügt werden.

Aber keine Wunde ist tödlich, kein Leid dauert an, denn er hat seine Unsterblichkeit entdeckt und nähert sich der Schwelle der ewigen Seligkeit. Er ist zur Verkörperung der ewigen Liebe geworden. Grausamkeit lockt daher keine harte Antwort mehr aus ihm hervor. Durch den Stein der Weisen, welcher die ewige Liebe ist, verwandelt er im Schmelztiegel seines Herzens Schmerz, Sorge, Grausamkeit und Laster in ihre Gegensätze. Er wird ein spiritueller Alchemist, der die Unechtheit der Welt in reines »Gold« verwandelt.

Er muss jetzt in der Tat »die andere Wange hinhalten«, seine Feinde lieben und dem, der ihm den Rock nimmt, auch den Mantel dazugeben, denn von solcher Art ist das Leben des Eingeweihten, auf das diese Lehren Christi sich beziehen. Er wächst in dem Maß, in dem er sie lebt, und in seinem Wachstum hebt er die ganze Menschheit mit sich empor. Er wird ein Atlas, der die Last der Welt auf seinen Schultern trägt. Wenngleich er, solange er noch ein Mensch ist, durch ihr Gewicht niedergebeugt wird, zerbricht er doch nicht. Als Adept vermag er aufrecht unter diesem Joch zu stehen.

14. Kapitel

Außerplanetarische Tätigkeiten des Adepten
Geweihtes Leben

Der Adept lebt außerhalb des Bereiches der Zeit. Jede seiner Handlungen in der Zeit ist bedeutungsvoll für die Ewigkeit. Seine Pläne in der Zeit schließen den Begriff der Zeitlosigkeit für ihre endgültige Erfüllung ein. Er lebt im Ewigen, projiziert jedoch sein Bewusstsein in die Zeit, beide Zustände sind in ihm verbunden. Er plant in der Ewigkeit und handelt in der Zeit, denn er hat das Geheimnis der Beziehung zwischen diesen beiden Zuständen gelöst, und er selbst ist ein Verbindungsglied zwischen ihnen, eine Brücke zwischen Zeitlosigkeit und Zeit.

Das Leben des Adepten ist also von zweifacher Natur, und der Adept ist ein zweifältiges Wesen. Mit seiner zeitlichen Offenbarungsform kann man zum Teil in Berührung kommen und sie begreifen, sein Dasein in der Ewigkeit ist jedoch für immer ein Mysterium. In der Zeit hat er eine Individualität und ist ein Wesen; in der Zeitlosigkeit hat er keine Individualität und ist kein

Wesen. Er ist zugleich aber auch jedes Wesen, denn er ist eins mit dem Ganzen. Er hat eine planetarische Existenz, die, wie dargelegt wurde, siebenfältig ist, und seine zeitliche Ausdrucksform auf Erden, die seine Individualität bildet. Er hat auch eine außerplanetarische Existenz, in welcher er mit dem dreifältigen interplanetarischen Herrscher vereint ist, welcher sich in ihm und durch ihn offenbart, denn ihre Individualitäten sind eins.

Durch diese Identifizierung mit außerplanetarischer Kraft, außerplanetarischem Leben und außerplanetarischem Bewusstsein ist er auch eins mit dem dreifältigen kosmischen Sein. Seine Kraft, sich darin kundzugeben, nimmt zu, während seine Entwicklung voranschreitet. Seine irdische Individualität ist die kleinere Seite seiner Natur, die größere ist sein kosmisches Selbst, und das interplanetarische Bewusstsein ist das Verbindungsglied zwischen den beiden.

Dennoch ist das Ganze nicht Vieles, sondern Eines: *Ein* Bewusstsein, das im gesamten Feld des Lebens und des Gewahrwerdens zum Ausdruck kommt. Der Adept ist mehr ein kosmisches als ein irdisches Wesen, selbst wenn er eine irdische Individualität mit einem physischen Körper aufrechterhält. Ob er einen solchen Körper beibehält, steht in seiner Wahl, die weitgehend von der Art seines Aufstieges durch die Menschheit beeinflusst wird. Jene, deren Wahl nicht auf eine fortgesetzte physische Existenz fällt, treten in ihre außerplanetarischen und kosmischen Zustände ein und erfüllen ihre Bestimmung als Adepten in diesen Regionen.

Das Bewusstsein solcher Adepten ist zwar normalerweise auf die von ihnen erwählten außerirdischen Bereiche beschränkt, es kann sich aber zu jeder Zeit auf jeder Ebene eines jeden Planeten durch eine Projektion in zeitweilige Bewusstseinsträger manifestieren, die entweder für diesen Zweck materialisiert werden oder von einem Bewohner des Globus, auf welchem die Manifestation erfolgen soll, geliehen werden. Dies kann in Form einer vollständigen Auswechselung des Bewusstseins in dem entliehenen Körper geschehen, wobei der Eigentümer heraustritt und der Besucher einzieht, oder auch in Form einer Überschattung oder Inspiration, wie bei einem Avatar. Die Zusammenkünfte der regierenden Adepten-Hierarchie auf einem Globus werden nicht selten von außerplanetarischen Ratgebern und Botschaftern besucht, von Vertretern der regierenden Hierarchie eines Sonnensystems oder eines Systems von Welten. So wie der Adept sein außerplanetarisches Leben und Bewusstsein hat, so hat es auch die Große Bruderschaft jedes Menschen tragenden Planeten. Diese bilden zusammen die regierende Körperschaft einer Gruppe von Welten unter dem Sonnenlogos. Dieses System erweitert sich seinerseits wiederum zu umfassenderen Systemgruppen und Universen, wobei, vom kosmischen Bewusstsein aus gesehen, das Ganze als eine Einheit begriffen und offenbar wird.

Auf solche Art besteht eine leitende und schützende, ständig aufrechterhaltene äußere Verbindung zwischen dem Herzen der Schöpfung, dem Lebenszentrum des Kosmos und jedem kleinsten individuellen Leben auf einem einzelnen Planeten. Eine innere Einheit besteht auch zwischen dem Höchsten und dem Niedersten, dem Mittelpunkt und dem Umkreis der Offenbarung, denn das beseelende Leben ist in allem eins. So findet die Dualität der Manifestationsweise des äußeren bewussten Dienstes einerseits, wie wir sie im Mineral-, Pflanzen-, Tier- und Menschenreich der Erde sehen, und des emporquellenden und sich entfaltenden inneren Lebens andererseits ihre Anwendung im gesamten Kosmos.

*

Das Prinzip, dass die Entwickelten den weniger Entwickelten dienen, ist universal und von grundlegender Bedeutung für die Erfüllung des Planes, nach dem das Universum fortschreitet. Daraus folgt, dass alle jene, die verständig mit dem höchsten Willen zusammenarbeiten wollen, an dem Wirken dieses Prinzips teilnehmen müssen.

Der erste Schritt zur bewussten Vereinigung mit dem Höchsten ist immer der gleiche – ein selbstloses Handeln, das der Liebe entspringt. Wenn der Dienst zuerst auch von persönlicher Art ist und individuelle gesonderte Beweggründe hat, so ist die Handlung selbst dennoch ein Dienst. Allmählich machen dann die persönlichen Beweggründe unpersönlichen Platz, das Streben nach individuellem Wohlergehen weicht dem Wohlergehen des Ganzen. Auf solche Weise wird der Geist der Philanthropie erweckt und das Geheimnis der Glückseligkeit gefunden. Der Geist der Philanthropie verlangt nicht nur hilfreiche Handlungen, die keinen unmittelbaren Lohn einbringen, sondern auch solche Handlungen, die einen entschiedenen Verlust bringen und Selbstaufopferung bedeuten. Allmählich wird das Wissen erworben, dass zeitweiliger Verlust ewigen Gewinn bringt und irdisches Opfer spirituelle Bereicherung bedeutet. Das Versprechen: »Wer sein Leben auf dieser Welt hasst, der wird es erhalten zum ewigen Leben«, wird nun als eine tiefgründige Wahrheit erkannt.[22]

Solches Wissen ist die Grundlage, auf welcher ein Leben des Dienstes geführt wird. Es ist eine vollständige Umkehrung des

---

22 Ev. Joh. 12, 25 und Matth 10, 39: »Wer sein Leben findet, der wird es verlieren; und wer sein Leben verliert um meinetwillen, der wird es finden.«

normalen menschlichen Daseins, seine Beweggründe sind das Gegenteil von jenen, die das gewöhnliche Leben leiten. Sowohl der Einzelne als auch die ganze menschliche Rasse muss diese Umkehrung vollziehen, ehe spirituelle Erfüllung möglich wird; sie müssen aus dem Persönlichen in das Unpersönliche hineinwachsen, sie müssen die Philanthropie als das einzig würdige Motiv des Handelns anerkennen und in einem solchen Grad Wohlwollen entwickeln, dass ein Opfer ihnen nur Freude bringt. Das sind die Eigenschaften, welche für jene notwendig sind, die bewusst mit der Hierarchie der Adepten für die Erfüllung des einen Willens zusammenarbeiten wollen.

Inspiriert von solchen Idealen, beginnt der einzelne Mensch und die ganze Menschheit bewusst ihre Rolle bei der Erfüllung des großen Planes des Höchsten zu übernehmen, statt – wenn auch unbewusst – gegen die Entwicklung zu arbeiten. Der Mensch beginnt, sich als Diener des Allerhöchsten zu betrachten. Ein solcher Haltungswandel führt ein Element wahrer Heiligkeit in das Leben ein und bereitet den Strebenden vor für die Erkenntnis der innewohnenden Göttlichkeit aller Dinge und der Heiligkeit aller Handlungen, die auf der Tatsache beruht, dass in allen Dingen das eine göttliche Leben gegenwärtig ist und hinter allem Handeln der eine göttliche Handelnde steht, der Höchste.

Die wunderbare Schau des Erhabenen wird durch Befolgen der oben beschriebenen Lebensregeln gewonnen. Sie wird zuerst durch plötzliches Aufblitzen von Inspirationen erlebt, durch intuitive Wahrnehmungen und durch ein allmählich wachsendes Gefühl für eine höhere Bestimmung, die sich erfüllt. Dann folgt das Erkennen einer leitenden geistigen Wesenheit hinter dem Universum, die alle Dinge ordnet, die großen und die kleinen, das Erkennen des Einen Geistes.

In diesem kritischen Zeitpunkt erwarten sowohl den Einzelnen als auch die ganze Menschheit Gefahren, denn wenn nicht die Haltung der Unpersönlichkeit und Demut vorherrscht, wird dem Erlebnis eine persönliche Auslegung gegeben und, was von allgemeiner Bedeutung ist, sie wird als individuell missverstanden. Dies führt zu einer engen persönlichen Auffassung und zum Stolz – zwei schlimme Gefahren, gegen welche der Strebende ständig auf der Hut sein muss, damit sie nicht seine Schau umwölken und seine Arbeit vereiteln. Wenn sie diese Fallgruben vermeiden, weihen schließlich der Einzelne und die ganze Menschheit ihr Leben und ihr ganzes Sein der Förderung des Wachstums und der Erfüllung des einen Planes – der harmonischen Zusammenarbeit mit dem Einen Willen.

Dies ist der Pfad zur Vervollkommnung, zum Glück und zum Frieden für den Einzelnen und für die Menschheit – es gibt keinen anderen. Es ist der Weg des göttlichen Lebens, der einzige Weg, auf dem dieses Leben vollkommenen Selbstausdruck erlangen kann. Es ist der Pfad, den jedes befreite Menschenwesen gewandert ist. Der Adept, welcher ihn bis zum Ende beschritten hat, ist in ewiger Glückseligkeit und in einem Frieden, den nichts stören kann, geborgen.

15. Kapitel

Der Makrokosmos im Mikrokosmos
Die Schau des Ganzen

Das Sonnensystem ist eine individuelle Einheit inmitten der vielen ähnlichen Einheiten, aus welchen das Sternensystem besteht. Es ist eine sich entwickelnde Wesenheit, ein Gruppenbewusstsein, welches sich stetig in Richtung auf ein Selbstbewusstsein fortbewegt, auf eine »Individualisierung«, also ein selbstbewusstes Eintreten in eine höhere Ordnung des Seins.

Das Leben ist an jedem Punkt, in jedem Teil des Sonnensystems ein Abbild des Ganzen. Die Lebensvorgänge, die in irgendeinem einzelnen Naturbereich vor sich gehen, sind Widerspiegelungen der Lebensvorgänge in der ganzen Natur. Die Entwicklung des Gruppenbewusstseins von Mineralien, Pflanzen, Tieren und Naturgeistern in Richtung auf eine Individualisierung ist eine irdische Manifestation der ähnlichen Entwicklung des ganzen Sonnensystems in Richtung auf einen höheren Zustand. Die Individualisierung eines Naturgeistes zu einem Engel[23] und eines Tieres zu einem Menschen[24] ist eine mikrokosmische Widerspiegelung einer makrokosmischen Errungenschaft. Ebenso ist die von einem Adepten gewonnene Befreiung nur ein Teil der gewaltigen Befreiung, die vom Sonnensystem in seiner Gesamtheit erreicht werden soll. Daraus folgt demnach, dass jede mikrokosmische Errungenschaft dem Fortschritt des großen Systems vorwärts hilft.

Da dieses auch wiederum nur ein Teil eines noch umfassenderen Ganzen ist, kommt die Hilfe gleichzeitig auch diesem größeren Ganzen zu, und so immer weiter fort bis ins Unendliche, denn die Gesamtheit der Sternensysteme ist unmessbar, grenzenlos und unerkennbar – unmessbar, weil sie sich in ständiger Bewegung befindet, grenzenlos, weil sie sich ständig ausdehnt, und unerkennbar, weil sie sich ständig wandelt. Obwohl sie all dies ist, so ist sie doch als Ganzes fassbar, weil sie, wenn auch aus vielen Teilen zusammengesetzt, doch Eines ist. So unendlich klein auch ein Planet erscheinen mag, wenn man ihn mit dem Ganzen vergleicht, so ist er doch trotzdem von unendlichem Wert für das Ganze, denn in ihm ist das Ganze im Kleinen geoffenbart, mit ihm ist das Ganze unlöslich verbunden, durch ihn schreitet das Ganze voran. Im Reich des unendlichen Lebens sind das Ganze und der Teil eins.

So ist auch der auf der Erde lebende Mensch, der auf seiner eigenen Stufe vollkommen, auf einer höheren aber unvollkommen ist, ein Abglanz des himmlischen Menschen, des Denkers, des Logos, der innerhalb der Sonne und aller kreisenden Planeten

---

23 Vergleiche die Bücher des Verfassers: »Die Engel und die Entwicklung des Lebens«, »The Kingdom of Faerie«, »The Coming of the Angels« und »The Angelic Hosts«.

24 Vergleiche »Eine Studie über das Bewusstsein« von A. Besant.

wohnt. Diese beiden, der irdische und der himmlische Mensch, sind ebenfalls eins, sie teilen dasselbe Leben, jeder nimmt an dem Fortschritt des anderen teil, sie sind unzertrennliche Pilgerer, die sich voneinander nur im Grad ihrer Fähigkeit zum Selbstausdruck unterscheiden. Auf diese Weise bewegt sich das ganze System, von welchem unser Planet mit seinen mannigfaltigen Bewohnern ein Teil ist, als eine Einheit voran, und die Bewegung des kleinsten Teiles wirkt auf das Ganze ein.

Da sich mit diesem Ganzen in ähnlicher Weise wieder ein noch größeres Ganzes ständig vorwärtsbewegt auf eine unendliche Ausdehnung des Seins hin, übt jede Handlung des kleinsten Teiles einen Einfluss im unendlichen Ganzen aus. Obgleich dieses als unendlich beschrieben wird, so ist es doch keineswegs in Raum und Zeit entfernt, denn in der Unendlichkeit sind Raum und Zeit bedeutungslos; alles ist hier und jetzt. Der allerfernste Stern ist nicht mehr fern, wenn man ihn vom Standpunkt des Unendlichen aus betrachtet, denn im Unendlichen gibt es keine Entfernung.

Im Bereich von Zeit und Raum sendet jeder Gedanke, der von einem Menschen hervorgebracht wird, eine kräuselnde Welle in den Stoff der Mentalebene aus. Wenn diese Welle die gedanklichen Schranken berührt, die das solare Mental-Leben einschließen, wird ihrer Vorwärtsbewegung Einhalt geboten. In höheren Bereichen, wo es keine solchen Schranken gibt, wird das hinter dem Gedanken stehende Leben, die Bewegung und das spirituelle Wesen des Denkers augenblicklich im Ganzen widergespiegelt und wiederholt, vermöge der Einheit oder des Eins-Seins, welches seine grundlegende Natur ist. Im Ganzen gibt es weder Zeit, noch Raum, noch Schranken.

Eine Schau, welche nicht die Vorstellung des Ganzen in sich schließt, ist unvollkommen. Ein Wissen, das sich nicht auf den

Begriff der Einheit gründet, ist unvollständig. Wenn auch das Ganze vom sterblichen Menschen nicht gesehen und die Einheit nicht wahrgenommen werden kann, so müssen doch alle, die Seher und Kenner der Wahrheit werden wollen, das Prinzip der Existenz des Ganzen und die Tatsache der Einheit begreifen. In der Widerspiegelung des Makrokosmos im Mikrokosmos liegt der Schlüssel zu aller Erkenntnis, denn durch den Teil kann das Ganze erfasst und durch das Individuelle kann das Allgemeine begriffen werden.

Beim Studium der esoterischen Philosophie muss dieses Prinzip angewendet werden. Ohne dasselbe gleicht alle Erkenntnis nur der Schale, welche den Fruchtkern des Lebensbaumes verbirgt. Der Geistesforscher sollte daher über die Einheit meditieren, bis er ein bestimmtes Maß an erlebtem Wissen über das Ganze gewonnen hat. Von der Erfahrung der wesentlichen inneren Tatsachen kann er dann weiterschreiten, um mit Verständnis die äußeren und verhältnismäßig unwesentlichen Teile des Ganzen zu studieren.

Je nach der Entwicklungsstufe des Denkenden blendet oder erleuchtet der Verstand. Auf der mentalen Kindheits- und Jugendstufe trennt der Verstand, auf der Stufe der Reife vereinigt er. In der Analyse geht die Wahrheit verloren, in der Synthese wird sie wieder gefunden. Dennoch muss der Verstand auf der Stufe der Kindheit und der Jugend notwendigerweise analysieren, wenn die Synthese bewusst erreicht werden soll. Gefahr erhebt sich nur, wenn ein ausschließlich analysierendes Denken in den Zustand der Reife hinübergenommen wird, in welcher die Synthese das Ziel sein sollte. Bloße Ansammlung von Tatsachen kann den Verstand nicht erleuchten, der Denkende muss lernen, die Tatsachen auszulegen, bevor er die Wahrheit ergründen kann. Von den Tatsachen muss er zu den Prinzipien vordringen und von diesen zu der dahinterliegenden Wahrheit. Richtige Auslegung erfordert synthetisches Denken, das sich auf Verständnis für das Ganze gründet.

Die Menschheit ist jetzt im Begriff, von der mentalen Jugendstufe auf die Stufe intellektueller Reife überzugehen. Führende Wissenschaftler beginnen, die gesammelten physischen Tatsachen spirituell auszulegen, und dies ist ein Zeichen der Zeit. Die religiösen Führer, Staatsmänner und Soziologen müssen ihnen folgen und dürfen nicht mehr auf die einzelne Konfession oder den einzelnen Glauben sehen, nicht auf die einzelne Nation oder soziale Gruppe, sondern auf das Ganze.

Keine Religion enthält ausschließlich alle Wahrheit; kein Volk und keine soziale Gruppe verkörpert jede Tugend; aber das Wissen von der Beziehung zwischen den einzelnen Religionen und der Religion an sich, zwischen einem einzelnen Volk oder einer sozialen Gruppe und der Menschheit als einem Ganzen wird die Prinzipien enthüllen, auf die sich alle Religionen und alle sozialen Ordnungen gründen. Im Lichte dieser Ganzheit der Erkenntnis kann dann das vollkommene System des religiösen Glaubens und die vollkommene soziale Ordnung errichtet werden.

16. Kapitel

Der Teil und das Ganze
Der Urquell des Lebens
Das Wesen der Schönheit

Die Beziehung zwischen dem Absoluten und dem Bedingten, zwischen dem Unendlichen und dem Endlichen ist für den begrenzten Verstand ein Mysterium. Der Übergang vom Sein zum Werden, aus der Ewigkeit in die Zeit stellt ein Problem dar, dessen Lösung sich dem begrenzten Erkenntnisvermögen entzieht.

Nicht geoffenbartes Sein bedeutet keineswegs Nicht-Existenz. Es ist eine umgewandelte Existenz, eine statische Kraft, eine entpolarisierte Energie, ein Bewusstsein im Ruhezustand, ein bewegungslos gewordener Geist. Die Offenbarung wird symbolisch durch eine Pyramide dargestellt. Der Zustand des nicht geoffenbarten Seins kann durch den Punkt dargestellt werden, der allein zurückbleibt, wenn die Seiten der Pyramide in die Spitze zurückgezogen werden und ihre Grundfläche verschwunden ist.

Das Nicht-Offenbare ist der höchste Extrakt des Seins und ist in keiner Weise vom Geoffenbarten getrennt. Tatsächlich sind diese beiden Zustände gleichzeitig vorhanden, insofern es in allem geoffenbarten Leben einen ungeoffenbarten Aspekt gibt. Dies gilt von jeder Ausdrucksform des Lebens – jedes Naturreich ist in dem ungeoffenbarten Aspekt des alldurchdringenden Lebens vertreten.

Der Mensch – ein Abriss des Ganzen – besitzt ebenfalls einen Aspekt seiner selbst, der nicht geoffenbart ist. Die Persönlichkeit stellt nur ein Bruchstück des höheren Selbst dar, dieses nur ein Bruchstück der Monade, und die Monade selbst ist eine zeitliche – positive und negative – Manifestation dessen, was ewig und unpolarisiert ist. Die Monade ist in Bewegung, das Unmanifestierte ist bewegungslos.

Die Entwicklung ist eine Reise, die unternommen wird von dem, was entwicklungslos, zeitlos, bewegungslos ist – dem Absoluten. Sie führt aus dem Ungeoffenbarten heraus in und durch das Geoffenbarte und von dort wieder zurück in das Ungeoffenbarte.

Im Morgengrauen der Offenbarung wird das, was eins war, zwei. Diese zwei sind Geist und Materie, Leben und Form. Mit dem Vorwärtsschreiten der Entwicklung wird die Beziehung zwischen diesen beiden enger. Allmählich findet das Leben immer vollkommenere Ausdrucksmöglichkeiten durch die Formen, während die Formen zu immer anpassungsfähigeren Trägern des Lebens werden. Zeitlich betrachtet, geht der Ausdruck eines Lebensimpulses durch eine Form immer rascher vor sich, bis er zuletzt augenblicklich erfolgt, da der Widerstand der Form gegen das Leben auf ein Minimum verringert ist. Das Leben nimmt beständig an Fülle und Kraft des Selbstausdruckes zu, was teilweise der mittels der Formen gewonnenen Erfahrung und teilweise einer tatsächlichen Zunahme der Menge des Lebens, welches in der Form geoffenbart ist, zuzuschreiben ist. Dies gilt sowohl für das Sonnensystem als Ganzes als auch für das Einzelwesen.

Die Zunahme der Menge des Lebens, die geoffenbart ist, wird durch das in einer inneren Dimension sich vollziehende Emporwallen des Einen Lebens aus seinem Urquell bewirkt. Im Herzen des Seins, welches jenseits und doch innerhalb des Sonnensystems ist, gibt es einen Urquell des Lebens, einen Brunnen, durch welchen das Leben von außerhalb des Systems in das Sonnensystem in dem Maße einflutet, als es fähig ist, dasselbe zu empfangen. Je größer die Leichtigkeit und Vollkommenheit ist, mit der sich das Leben durch die Formen ausdrückt, desto geringer wird der Lebensdruck im Sonnensystem. In dem Maße, in dem der Druck sich vermindert, öffnet sich das solare Ventil, und neues Leben strömt herein. Dieses Einströmen setzt sich so lange fort, bis die Grenze der Kapazität der Formen, Ausdrucksmöglichkeiten für das Leben zu bieten, erreicht ist. Da es sich hierbei um ein universales Prinzip handelt, gibt es auch tief im innersten Selbst des Menschen einen Urquell des Lebens und ein Ventil, durch welches das Leben in seine Monade, sein Ego und seine Persönlichkeit einströmt. Alle drei empfangen aus dieser inwendigen Quelle ein allmählich zunehmendes Maß an Leben, soweit die Form fähig ist, es aufzunehmen und auszudrücken.

Von innen durch die Gegenwart und den beständigen Druck des Lebens, von außen durch die Erfahrungen modifiziert, wird die Form allmählich zu einem vollkommeneren Träger, zu einem freieren Stromweg, durch welchen das Leben sich auszudrücken vermag. So wird eine immer vollkommenere Beziehung zwischen Leben und Form hergestellt.

Der Maßstab, an welchem der Grad dieser Beziehung gemessen werden kann, ist die Schönheit. Die Schönheit einer Form ist das äußere Zeichen dafür, dass sie das innewohnende Leben in harmonischer Weise ausdrückt. Ohne solche innere Harmonie kann es keine wirkliche Schönheit geben. Je vollkommener die Beziehung, desto größer ist die Schönheit. Der Widerstand der Form gegen die Offenbarung des Lebens vermindert sich allmählich, während die Entwicklung fortschreitet. Schließlich wird eine vollkommene Übereinstimmung hergestellt, und die inneren Lebensimpulse finden unmittelbaren und vollendeten Ausdruck durch die Form. Unter diesen Umständen sind dann sowohl die Formen als auch der Ausdruck im höchsten Grade schön. Die Schönheit ist daher der Maßstab, an dem die Entwicklungsstufen gemessen werden können, sie ist das Kennzeichen der vergeistigten Form in jedem Reich der Natur.

Der spirituelle Mensch wird an der Schönheit seines Fühlens und Denkens erkannt werden, die in natürlicher Weise in der Schönheit der Lebensführung ihren Ausdruck findet.

Absichtliche Hässlichkeit ist eine Verleugnung des Göttlichen, ein Sich-Ausliefern an die Herrschaft des Chaos. Die Schönheit zu ignorieren, bedeutet, Gott zu ignorieren. Wer in diesen Irrtum verfällt, verleugnet den Gott in sich und kerkert ihn dadurch noch tiefer ein. Er ist ein Deserteur zu den Heeren des Chaos, ein Verräter an der Herrschaft des Gesetzes.

17. Kapitel

Der Krieg im Himmel
Der Krieg im Menschen
Der Sieg

Das Chaos ist der große Gegner der Ordnung – und während der Manifestation besteht ein unaufhörlicher Kampf zwischen diesen beiden. Sie sind der negative und der positive Pol der Offenbarung; und doch sind die beiden in der Einen Wurzel eins. Die Manifestation ist ein ununterbrochener Kampf zwischen diesen beiden Widersachern.

Am Morgen der Schöpfung regiert das Chaos, das die Gefilde des Raumes beherrscht. Am hellen Mittag ist der Kampf auf seinem Höhepunkt, denn dann sind die opponierenden Kräfte einander gleich in ihrer Macht. Darauf folgt die allmähliche Niederlage des Chaos, welche beim Einbruch der Nacht vollkommen ist. Jetzt herrscht die Ordnung, von welcher das Chaos, das keineswegs zerstört wurde, absorbiert worden ist. Die Kräfte des

Chaos sind mit jenen des Gesetzes vereint und arbeiten harmonisch mit ihnen.[25]

Krankheit ist ein zeitweiliger Sieg des Chaos. Krieg, Hungersnot und Seuchen sind Zeichen seiner vorrückenden Armeen. Obgleich ihr Angriff auf die Form zerstörend wirkt, gereicht sie doch durch die weise Feldherrenkunst der Ordnung dem Leben zum Vorteil. Der unablässige Kampf zwischen Ordnung und Chaos hält den Entwicklungsprozess aufrecht und ist das Mittel zum Wachstum.

Die Geschichte vom „Krieg im Himmel" zwischen den „Engeln des Lichtes und der Finsternis" ist ein allegorischer Hinweis auf diese Tatsache. Der Himmel bedeutet darin jenes Stadium in der Schöpfung des Sonnensystems, in welchem der Eine zum ersten Mal zu den Zweien wird, ein Stadium, das sich sowohl im Leben der einzelnen Planeten als auch der einzelnen Menschen wiederholt. Der „Krieg im Himmel" ist ein ewig dauernder Kampf, der von den großen Gegnern, Geist und Materie, Leben und Form, Universalität und Individualität, ohne Unterlass ausgefochten wird.

In diesem Kampf kann es für keine der beiden Seiten einen endgültigen Sieg geben, denn die miteinander streitenden Kräfte sind gleich mächtig; doch die Natur und die Ebene des Konfliktes wechseln, ebenso wie Natur und Ebene der feindlichen Armeen. Zuerst wird der Kampf in rein geistigen Ebenen ausgetragen, wie in der Allegorie vom Krieg im Himmel. Allmählich ändert sich das Kampffeld, es bewegt sich »abwärts« durch die Ebenen der Natur, bis die physische Welt erreicht und der Konflikt auf seinem Höhepunkt angekommen ist.

25 Eine anschauliche musikalische Beschreibung davon findet man im Vorspiel zur Oper »Rheingold« von Richard Wagner.

Der große Schiedsrichter beobachtet das Ringen, und sobald das, was er geplant hat, als Ergebnis dieses Ringens erreicht ist, hebt er das Schlachtfeld »aufwärts«, durch die sieben Ebenen der Natur hindurch, bis zur höchsten spirituellen Region, so dass die Gesamtheit der siebenfältigen Schöpfung dem Kampf zwischen Ordnung und Chaos zweimal ausgesetzt ist. Dieses makrokosmische Armageddon[26] wiederholt sich mikrokosmisch im Menschen. Aufeinanderfolgend werden die sieben Prinzipien[27] des Menschen Kampffelder, auf denen der große Konflikt ausgetragen wird. Das Wachstum des Mikrokosmos des Menschen schreitet parallel mit dem Wachstum des Makrokosmos voran, denn der Mensch ist sowohl eine Einheit im Heer des Logos als auch zugleich der Logos der sieben Prinzipien oder Körper, die sein eigenes Universum bilden, welches ebenfalls aus vielen »Leben« zusammengesetzt ist.

Das menschliche Armageddon ist immerwährend; im Menschen wird beständig ein Krieg zwischen seiner spirituellen und seiner materiellen Natur geführt. Auch steht er im Kampf mit der Materie der Welt, in der er lebt, die immer seinem Willen widerstrebt. Jeglicher Selbstausdruck, sei es durch Wollen, Denken, Fühlen oder Handeln, erzeugt Konflikt. Das Leben fordert, die Form leistet Widerstand; das Bewusstsein sucht Freiheit, die

---

26 Armageddon oder Mageddon: Ort in Palästina, an dem Josias im Kampf getötet wurde (4. Kön. 23, 29). In der Offenbarung des Johannes (Kap. 16) die symbolische Stätte des Kampfes zwischen den göttlichen Mächten und den Mächten des Bösen. (Anmerkung des Herausgebers.)

27 Das physische, ätherische und astrale Prinzip sowie das Prinzip des konkreten Verstandes, die zusammen die moralische Persönlichkeit bilden, weiter das Prinzip des abstrakten Verstandes, der Intuition und des Willens, die das unsterbliche Selbst oder Ego bilden. Vergleiche das Buch »Der sichtbare und der unsichtbare Mensch« von A. Besant und C. W. Leadbeater.

Form beschränkt. Ein Künstler steht selbst im Augenblick seiner höchsten Inspiration im Kampf mit den Ausdrucksmitteln seiner Kunst, denn wie immer widersetzt sich der Stoff der Prägung durch den Geist. Als Ergebnis des Kampfes aber entwickelt sich der Wille, nimmt die Weisheit zu und das Bewusstsein erweitert sich.

Materie und Geist teilen sich den Sieg in gleichem Maße. Man kann sagen, dass die Materie in dem Sinne siegt, dass ihr kein bleibender Zwang durch den Geist auferlegt werden kann; wenn auch eine Zeit lang gefangen, entflieht sie am Ende doch wieder.[28] Der Geist scheint insofern zu siegen, als die Materie in allmählich wachsendem Grade seine Dienerin wird; dennoch verliert der Geist auch fortwährend insofern, als niemals ein endgültiger Sieg erlangt wird.

Nur *das*, das All-Eine, erlangt den dauernden Sieg. Das Eine, welches jenseits des Kampfes steht und doch die Ursache des Kampfes ist, das Eine, aus welchem Leben und Form hervorgehen und zu welchem beide zurückkehren, *das* erreicht vollkommen sein vorbestimmtes Ziel.

Der immerdauernde Widerstreit erreicht seinen Höhepunkt im Menschen, denn in ihm befindet sich jenes Kampffeld, auf welchem es zum Gleichgewicht der Kräfte kommt. In den unter dem Menschen stehenden Naturreichen herrscht die Materie, und der Geist ist eingekerkert. In den übermenschlichen Reichen regiert der Geist, und die Materie wird beherrscht. Die Menschheit stellt daher die Frontlinie des Kampfes während der gegenwärtigen Entwicklungsperiode des Sonnensystems dar. Da

---

28 So wie der Bildhauer zuerst in Ton modelliert und dann, wenn er das gegossene Bild aus der Form genommen hat, diese zerbricht und den Ton wieder bei einer späteren Arbeit verwendet.

im Menschen der schärfste Kampf wütet, wird im Menschen auch der höchste Erfolg erreicht.

Die spirituellen, intuitiven und intellektuellen Kräfte des dreifältigen Logos finden durch ihr Vorhandensein in der Konstitution des Menschen selbstbewussten Ausdruck in Gestalt von Handeln, Fühlen und Denken. Wenn dieser Ausdruck vervollkommnet ist, bringt er Ordnung in die drei dichtesten Welten. Die Kräfte des Chaos sammeln sich gegen dieses Vordringen des Gesetzes zum Kampf. Ihre Handlungsweise besteht darin, dass sie den Menschen beständig dazu verführen, ein persönliches statt ein universelles Leben zu führen, gesondert aus persönlichen Motiven zu handeln, statt gemeinsam für die Wohlfahrt des Ganzen zu wirken.

Unter dieser unaufhörlichen Versuchung fällt der Mensch fortwährend. Da aber jeder Fall Schmerz und Einschränkung verursacht, vereitelt diese Art des Kampfes ihre eigenen Ziele. Der Mensch schließt aus dem Schmerz und der Einschränkung auf deren Ursache, und durch diese Schlussfolgerung lernt er. In dem Maße, in dem er lernt, verliert die Versuchung, für sich selbst zu leben, statt als Teil des Ganzen, ihre Macht über ihn, und eine Vision des universalen Lebens dämmert über seinem Bewusstsein auf. Dann wird der Kampf tiefer in seinem Inneren weitergeführt zwischen den persönlichen und den universalen Aspekten seiner Natur. Die persönliche Seite seines Lebens, in der die Materie vorherrscht, strebt nach Selbsterhaltung, Selbsterhöhung und nach eigener Erleuchtung. Die universale Seite, in welcher der Geist vorherrscht, strebt nach Erhaltung, Erhöhung und Erleuchtung für das Leben als eine Gesamtheit. Das innere Selbst weiß, auch wenn der äußere Mensch es zuerst nicht erkennt, dass allein in einer solchen Erfüllung vollkommenes und unzerstörbares Glück gewonnen werden kann.

Das persönliche, äußere Ich des Menschen, das noch in der Knechtschaft von Materie, Zeit und Raum – dem dreieinigen Attribut des Chaos, der Widerspiegelung der spirituellen Dreiheit – gefangen ist, sucht in den Sphären von Handeln, Fühlen und Denken eine materielle, zeitweilige, räumlich begrenzte Befriedigung, die für den Einzelnen ergriffen und nicht mit dem Ganzen geteilt wird. Das universale innere Selbst des Menschen sucht spirituelle, ewig dauernde und universale Erfüllung, die von allem geteilt wird, was lebt. Zwischen diesen beiden Idealen kann es keinen Kompromiss geben, und darum bringen Überlegung und Erfahrung, die Lehrer des Menschen, den endgültigen Sieg für das universale Ideal.

Langsam lernt der Mensch, dass auch die größten physischen, emotionellen und mentalen Besitztümer, die er für sich allein erwirbt, unvermeidlich entschwinden und Unbefriedigtsein zurücklassen. Allmählich lernt er, Schätze zu suchen, die ewig währen. Wenn einmal dieses Suchen begonnen hat, ist der Sieg der Ordnung über das Chaos gesichert. Das neue Streben zieht zusätzlich Kraft in das unpersönliche Selbst und öffnet Kanäle für ihr Einströmen in die Persönlichkeit. So treffen Verstärkungen ein, der Einfluss der Materie wird vermindert, und der Lauf des Kampfes wendet sich zugunsten des Geistes.

Der Mensch ist in seiner Konstitution, in seinem Ziel und in den Mitteln, mit welchen das Ziel erreicht werden soll, ein Abbild des Universums. Da der ewigwährende Kampf das Mittel zur Vollendung ist, kann die Menschheit als die Kampffront und das Versuchsfeld des Universums betrachtet werden – daher die Schwierigkeit des menschlichen Lebens. Wenn auch die Schwierigkeiten des Menschen groß sind, so ist auch sein Lohn über alle menschliche Vorstellung groß. Wenn der Kampf gewonnen ist, verfügt der Sieger über unwiderstehliche Kraft. Er geht in unaussprechliche Seligkeit ein und weilt in ewig währendem Frieden.

18. Kapitel

Gott geometrisiert
Spirituelle Symbole im
Mineral-, Pflanzen-, Tier- und Menschenreich

Die Symmetrie ist eine Ausdrucksweise der Einheit des Lebens und seiner gleichmäßigen Verbreitung als ein allgegenwärtiges Wesen, das alle Formen durchdringt. Die Gestalt ist ein Ergebnis des Wechselspieles zwischen Leben und Materie. Alle natürlichen Formen sind symmetrisch gestaltet.

Die Kugel ist der vollkommenste dynamische Ausdruck der Beziehung von Leben und Form in einer räumlichen Gestalt. Der Würfel ist ihr vollkommener statischer Ausdruck; lässt man ihn auf einer seiner Ecken kreiseln, so bringt er eine Kugel hervor, das Symbol der Vereinigung von Leben und Form.

Die Pyramide stellt die Entwicklung von der ersten Dualität bis zur vollendeten Offenbarung dar. Die Spitze ist der uranfängliche Punkt, die Öffnung, durch welche das ewige Leben in das Universum einfließt. Während es durch sie hindurchströmt, wird es der Bedingtheit der Materie unterworfen. Sein Strömen nach auswärts ist vierfältig; es wird symbolisch durch die auseinanderstrebenden Seiten der Pyramide gezeigt. Die Grundfläche, ein Quadrat, stellt die physische Welt dar. Die Spitze, ein Punkt, versinnbildlicht die höchste geoffenbarte Region, den Ursprung des Daseins. Die vollkommene Symmetrie der ganzen Figur drückt das vollkommene Gesetz aus, durch welches sich das Leben in der Form offenbart. Die ins Unendliche ausdehnbaren Seiten zeigen die unbegrenzten Möglichkeiten der Entwicklung von Leben und Form.

So betrachtet, versinnbildlicht die Pyramide die Wahrheit, die hinter der Offenbarung liegt. Sie ist ein Symbol des dritten Aspektes des Höchsten, des Wechselspieles zwischen Leben und Form, der Beziehung zwischen Geist und Materie.

Ein vollkommenes Leben bringt diese Beziehung in jedem Reich der Natur ebenso vollendet zum Ausdruck wie die Pyramide. Das Mineral ist aus Kristallen zusammengesetzt und mit geometrischer Genauigkeit gebildet. Die Pflanze wächst nach geometrischen Prinzipien, und ihre Blüte ist nach grundlegenden geometrischen Formen gebildet, wie z. B. dem Kreuz und dem Stern. In ihrer Wachstumsweise zeigt sie die Spirale und den Kegel.

In Symbolen zeigt das Pflanzenleben in seinem natürlichen Zustand vollkommen das Prinzip seiner eigenen Existenz, das Gesetz seines Daseins, welches die Beziehung zwischen dem Pflanzenleben und der Pflanzenform beherrscht.

Im Tierreich, wo es ein Gruppenbewusstsein, aber noch kein vollkommen individuelles Bewusstsein gibt, soll die Individualität erreicht werden. Hier erscheinen Abwandlungen und Unvollkommenheiten der Form, aber trotz der Unvollkommenheiten zeigt sich eine vollkommene Symbolik. Die Wirbelsäule und die Beine bilden drei Seiten eines Quadrates oder Parallelogrammes, dessen vierte Seite durch die Oberfläche des Bodens und die Kraftlinien ergänzt wird, welche die Vorder- und Hinterbeine verbinden. Der heraustretende Hals und Kopf symbolisiert das Herauswachsen, welches das Ergebnis der Anstrengung des inneren Lebens ist, durch neue Formtypen neue Arten des Selbstausdruckes zu finden. Jenes Prinzip, das in der Pflanze die Blüte war, tritt beim Tier als der Kopf in Erscheinung. Das, was sich in den Wurzeln ausdrückt, wird jetzt durch die Füße symbolisiert, welche noch der Erde verhaftet, aber beweglich sind. Die Wirbelsäule und die Rippen zeigen ein vielarmiges Kreuz, während Umriss und Querschnitte jedes einzelnen Knochens grundlegende Symbole anzeigen.

Der aus dem Körper des Tieres herausragende Kopf spiegelt in mikrokosmischer Form die Existenz von Bewusstsein und Leben außerhalb des Systems. Er entspricht der Spitze der Pyramide, der Öffnung, durch welche das Leben außen jenes Leben, welches sich bereits innen befindet, erreichen kann. So wie das System dem einströmenden Leben entgegenstrebt, so streckt das Tier seinen Kopf heraus und strebt individueller Erfahrung und Empfindung, individuellem Denken und Leben entgegen.

Es ist eine grundlegende Wahrheit, dass die Materie dem Leben zustrebt. Trotz ihres Widerstandes ruft sie doch immer das Leben hervor, denn das ist ihre Reaktion auf das Drängen der Entwicklung, auf den in Richtung auf die Vervollkommnung wirkenden Impuls des schöpferischen Willens. Im Mineral erscheint dieser Impuls als chemische Affinität, in der Pflanze als aufwärtsstrebendes Wachstum sowie als elementare geschlechtliche Polarität und Tätigkeit, im Tier als das Hervorstrecken des

Kopfes, als Geschlechtlichkeit und als Empfänglichkeit für Fühlen und Denken.

Die Wirbelsäule ist bei den Wirbeltieren das physische Symbol des Einen Willens, welcher gerade in seinem Wirken und doch biegsam ist. Der Mensch bildet in aufrechter Haltung mit ausgebreiteten Armen das Kreuz, welches das in der Form geoffenbarte Leben versinnbildlicht. Mit gespreizten Beinen, ausgebreiteten Armen und aufgerichtetem Haupt und Rückgrat stellt der Mensch das Fünfeck dar, das Symbol des befreiten Lebens. Dies ist – wie bereits erwähnt – ein beherrschendes Symbol im Pflanzenreich, in welchem das Leben seine Befreiung von der mineralischen Trägheit errungen hat. Der Mensch, der sich aus dem instinktiven Massenbewusstsein des Tieres zur selbstbewussten Individualität befreit hat, zeigt auch das Zeichen des befreiten Lebens. Dies geschieht nicht unbewusst, wie bei der Pflanze, und auch nicht in seiner normalen Haltung, sondern nur, wenn er seine Arme ausstreckt, um seinen Brüdern zu helfen und dadurch das Zeichen des Opferkreuzes bildet. Das königliche Symbol erstrahlt im inneren Menschen, so wie das Zeichen des Opfers im äußeren Menschen erscheint.

19. Kapitel

Vom Menschen zum Übermenschen
Das Symbol des Kegels
Der alldurchdringende Geist

Die Beziehung zwischen Leben und Form – unbewusst im Mineral, instinktiv in Pflanze und Tier – zeigt sich im Menschen als bewusste Erkenntnis. Diese vollendete Ergänzung der Dreifaltigkeit ist der Faktor, welcher den Menschen von den untermenschlichen Reichen unterscheidet. Der Mensch ist der erste mikrokosmische Logos und muss daher jene Kunst erlernen, die der Makrokosmos so vollkommen an den Tag legt – Leben und Form zu verbinden und den Geist durch die Materie zu offenbaren. Das Menschenreich hat die Aufgabe, die Methode der Formung des Stoffes nach dem Willen des Geistes zu vervollkommnen. Der Erfolg hängt davon ab, dass der Mensch den Höchsten als den alleinigen Handelnden anerkennt und dem Wirken des Höchsten ein Mindestmaß an Widerstand und ein Höchstmaß an Anpassung entgegenbringt.

Vollkommenes Anpassungsvermögen verlangt, dass den inneren Impulsen, die als Ergebnis des Wirkens des Höchsten im Bewusstsein aufsteigen, keinerlei Hemmungen entgegengestellt werden. Der Mensch muss sich diesem Wirken vollkommen hingeben und beständig innerlich Ausschau halten und wachen, um die Absichten des alleinig Handelnden zu erfassen und zu erfüllen. Die Fähigkeit, sich innerlich völlig von der äußeren Welt zu isolieren und gänzlich desinteressiert zu sein, ist ein wesentlicher Faktor, wenn absolute Harmonie zwischen der einen leitenden Intelligenz und dem individuellen Bewusstsein des Menschen hergestellt werden soll.

Wer sich vom Menschen zum Übermenschen emporschwingen will, muss lernen, stets willig auf jede Erleuchtung und Intuition zu reagieren und ihren Eingebungen sofort und unbeschränkt in seiner Lebensführung Folge zu leisten. Er muss die Wissenschaft der Selbst-Erleuchtung und die Kunst der Intuition üben und schließlich in beiden kundig und erfahren werden. Der Antrieb für all sein Tun, das Motiv für all seine Arbeit muss ausschließlich aus jenen inneren Bereichen seines Bewusstseins kommen, in denen Inspiration und Intuition entspringen.

Wenn er dies erreicht hat, stellt der Übermensch das Symbol des Kegels dar, welcher eine Pyramide ist mit allem, was sie bedeutet, die in kreiselartigem Gleichgewicht um eine zentrale Achse kreist. Während dieses Kreisens verschwinden Linien und Ecken, die quadratische Grundfläche verschmilzt in den Kreis, und beide werden eins. Deshalb ist der Kegel das Symbol der vollendeten Kunst, Leben und Form zu verbinden. Der Ursprung, welcher die Spitze war, die fließenden Lebenslinien, welche die Seiten waren, und die materiellen Welten, welche die Grundfläche waren – sie alle sind eins geworden, während die ganze Pyramide in einer vollkommenen Reaktion auf das herabsteigende Leben sich im Kreis bewegt.

Der Kegel wird in seiner Form und Wirksamkeit zuerst durch die Einwirkung des Geistes auf den Stoff hervorgebracht. Das Atom ist in Wirklichkeit ein kegelförmiger Körper, ein kreisender Wirbel in ätherischer Materie, ein Energie übertragender Trichter. Es gibt zwei Arten von Atomen: Die eine wird durch hinausfließende Energie gebildet und die andere durch ihr Zurückströmen. Der atomische Trichter funktioniert automatisch, der Übermensch wirkt bewusst, doch mit gleicher Vollkommenheit.

Man kann sich das Sonnensystem ebenso richtig trichterförmig vorstellen. In den höchsten Dimensionen wird ein einziger riesiger kreiselnder Kegel geschaut. Paradoxerweise ist die Öffnung in jede Richtung gekehrt. Die Achse ist immer auf den Betrachter gerichtet. In den unteren Dimensionen erscheinen viele Trichter, an Zahl zunehmend, bis auf der physischen Ebene jedes Atom ein Trichter ist, welche alle zusammen den einen großen Trichter bilden, der die Offenbarungsform der Kraft des Höchsten ist.

Das Sonnensystem ist seinerseits ein Teil einer höheren Ordnung von Trichtern, die zusammen eine größere Einheit bilden – eine von den vielen Einheiten, die einen Kosmos ausmachen. Diese Welten verbinden sich zu jener letzten Einheit, die das Ganze ist und umfasst.

Die Trichterform ist eine Offenbarung der Kraft des Intelligenz-Aspektes des Seins, der alldurchdringend und in jedem Atom gegenwärtig ist. Er offenbart sich individuell durch verkörperte Geistwesen verschiedener Entwicklungsgrade. Er ist selbst ein Wesen, obwohl von einer für den Menschen unbegreiflichen Natur. Er ist der Denker des Sonnensystems, der leitende Intellekt hinter und in allen Naturvorgängen.

Dieses »Wesen« ist der mächtige Entwerfer aller Formen, der Musterzeichner, der die Archetypen konstruiert, nach denen alle Formen gebildet werden und durch die auch alle Formen allmählich zu immer größerer Vollkommenheit als Träger des Lebens gestaltet werden. Die Archetypen des Sonnensystems sind keineswegs von ihrem Schöpfer getrennt, sie sind objektive Manifestationen seines Bewusstseins. Sie sind auch nicht von ihrem materiellen Ausdruck, den sich entwickelnden Formen, getrennt. Die Archetypen sind die Bindeglieder zwischen dem Bewusstsein des Entwerfers und seinem objektiven Ausdruck in den verschiedenen Formen, sie sind die Synthesen des Wesens beider, modifizierte Offenbarungen des schöpferischen Willens, wie er sich in dem Zwischenreich des abstrakten Denkens ausdrückt.

Der gewaltige Planer, Architekt, Künstler und Bildhauer, der in jeder Welt allgegenwärtig ist, ist auch ein Meister-Mathematiker. Seine Archetypen sind Gleichungen, sie sind die Formeln der Schöpfung. Er ist auch ein Meister-Chemiker; die chemischen Elemente mit ihren Anziehungen und Abstoßungen sind das Ergebnis seines Wirkens in seinem Sonnenlaboratorium.

Er ist der allgegenwärtige Geist, die alles durchdringende Intelligenz, der Vollstrecker des Gesetzes, durch welches das Ziel des Daseins erfüllt wird.

20. Kapitel

Der Dienst der Engel
Der Dienst der Adepten

Der Höchste wird in seinem Äonen währenden Wirken als Vater, Sohn und Heiliger Geist, als Schöpfer, Erhalter und Formenbildner durch die Engelscharen unterstützt, welche eine zweifältige Aufgabe – als Förderer des Lebens und als Erbauer der Formen – vollbringen. In allen lebenden Dingen sind die drei Aspekte des Höchsten in verschiedenen Graden eines erwachten Selbstbewusstseins vorhanden. Im Mineralreich schlafen sie, soweit es äußere Tätigkeit betrifft; im Pflanzenreich träumen sie; im Tier erwachen sie; und im Menschen gelangen sie zu mentalem Eigenbewusstsein. Im Adepten sind sie voll entfaltet und vollkommen geoffenbart.

Im Mineral- und Pflanzenreich ersetzen die Engelscharen stellvertretend das noch unerweckte Eigenbewusstsein der drei Attribute. Die Angehörigen der höheren Rangordnungen der »Strahlenden« sind zur vollendeten Verkörperung dieser Attribute geworden, welche sie durch die verschiedenen Rangordnungen hindurch bis hinab zu den Naturgeistern übertragen, die dem schlafenden Bewusstsein dienen und bei der Erbauung der Formen des Mineralreiches der Natur helfen. Die belebende Kraft des Höchsten wirkt auf diese Weise durch die Engelscharen auf das schlafende Bewusstsein in den Steinen, Metallen und Edelsteinen ein, bringt es zum Träumen und unterstützt seinen Fortschritt in Richtung auf die Geburt des Eigenbewusstseins. Diesen Dienst verrichtet die Engel-Hierarchie durch alle Zeitalter hindurch, vom ersten Aufdämmern solaren und planetarischen Lebens bis zu dessen Ende. Sie bildet stellvertretend das bewusste Bindeglied zwischen der universalen dreifältigen Kraft in den höheren Regionen des Bewusstseins und dem eingekerkerten dreieinigen Gott, der unbewusst im Mineralreich schläft.

Im Pflanzenreich treten die Ergebnisse dieses Dienstes unmittelbarer in Erscheinung als im Mineralreich. Bewusstsein und Formen der Pflanzen sind empfänglicher für anspornende Einflüsse, als dies in dem darunterliegenden Naturreich der Fall ist. Im Mineralreich gibt es nahezu ausschließlich nur eine Reaktion auf den Kraft-Aspekt des Höchsten und der Engelscharen. Bei der Entwicklung der Pflanzen, welche das Empfindungsvermögen hervorruft, wird auch der Weisheits-Aspekt mit eingeschlossen, und zwar sowohl der immanente als auch jener der Engelscharen. Der Einfluss der Engel des astralen Bereiches ist wirksam, und es kommt zu einem emotionalen Erwachen.

Im Tierreich, wo die Empfänglichkeit für Antriebe noch größer ist, kommt es zur Einwirkung des Verstandes durch den Intelligenz- oder Bewusstseins-Aspekt, ebenfalls sowohl durch den immanenten Impuls als auch durch jenen der Engel. Dieser höhere Einfluss wirkt – hauptsächlich von der Kausalebene aus – durch das Gruppenbewusstsein, aber aus dem Inneren des monadischen Lebensstromes und durch die permanenten Atome[29] auch auf das Tierreich ein. Er schließt auch die Hilfe der Engel bei der Geburt der Individualität ein.

In diesen drei Reichen der Natur sind die Naturgeister im besonderen tätig, wenn auch mit sehr unterschiedlichen Ergebnissen. Die Gnomen des Elementes Erde vertreten zusammen mit den verschiedenen Unterabteilungen, Rassen und Stämmen von Erdgeistern den Kraft-Aspekt des Höchsten und der Engel-Hierarchie. Sie vermitteln diesen und wenden ihn instinktiv bei den Bauarbeiten unter dem Formen schöpfenden Einfluss des universalen Geistes an. Die All-Eine Intelligenz ordnet und lenkt ihre verschiedenen Arbeiten, während der All-Eine Wille sie zum beständigen Handeln anspornt.

Vermöge der schöpferischen Kraft des Einen Willens, dessen Verkörperung diese Ordnung der Engelscharen in ihrem Reich ist, birgt jede ihrer Handlungen eine natürliche, Formen schöpfende Energie und löst eine belebende Kraft aus, deren Wirkung in gar keinem Verhältnis zu ihrer Intelligenz und ihrem Platz in der Entwicklung steht. Der grundlegende Aufbau der Moleküle und der Kristallformen des Mineralreiches sind teils das Ergebnis der Einwirkung der schöpferischen Energie oder Weltkraft auf die freie Materie und teils der massierten »Gedankenkraft« von Gruppen oder Stämmen der Erd-Naturgeister. Ihre Gedankenkraft, ein instinktives »Relais« des universalen Geistes und der höheren Mitglieder ihrer Hierarchie, ist in hohem Grade Formen bildend in der astralen und ätherischen Welt. Diese Formen sind die Modelle der endgültigen festen Minerale. Sie

---

29 Einzelne Atome der sieben Ebenen, die mit jeder Monade verbunden sind; vgl. »Eine Studie über das Bewusstsein« von A. Besant.

steigen aus dem universalen Geist, in welchem diese Modelle als Archetypen existieren, im Gruppenbewusstsein der Naturgeister auf. Sie sind lebendige Energien, gestaltende Kräfte, und in Verbindung mit jeder von ihnen steht eine Ordnung von Engeln, deren Grundton oder Grundakkord der Schwingung des Archetypus entspricht.

Die Vorbereitung und Vollendung dieser Archetypen nimmt am Beginn jedes neuen Entwicklungssystemes ungeheure Zeitperioden in Anspruch. Während aufeinanderfolgender Epochen werden sie Ebene für Ebene in die materielle Welt hinausprojiziert. Dies geschieht dadurch, dass ihre ausgesandten Energien auf charakteristischen Wellenlängen der Reihe nach dem Stoff dichterer Welten aufgeprägt werden. Die Engel-Bildner absorbieren und übertragen die Weltenkraft, den schöpferischen Ton, dessen Klang die Materie der Ebene entsprechende typische Formen annehmen lässt. Diese Übertragung des Schöpfungswortes ruft entsprechende Ordnungen bauender Engel und Naturgeister zu ihrer Aufgabe herbei, bei dem Werk der Erschaffung und späteren Vervollkommnung der Formen zu helfen. Zuletzt wird die dichteste Ebene erreicht, deren unempfängliche Materie nur langsam die gewünschte Gestalt annimmt.

Es ist anzunehmen, dass sich ohne diese Hilfe der Engelscharen und Naturgeister der Schöpfungsvorgang unter der langsamen, automatischen Wirkung des Resonanzgesetzes vollziehen würde, aber die dazu benötigte Zeit würde wesentlich größer sein. Man kann sich Entwicklungssysteme vorstellen, in denen es diese Hilfe nicht gibt, und wieder andere, in denen sie noch wirksamer ist. Es ist daher wohl wahr, dass die Naturvorgänge, da sie vollkommen geplant sind, an sich und aus sich heraus vollkommen sind. Jedoch zumindest auf unserem Planeten und zweifellos in unserem ganzen Sonnensystem gibt es einen Dienst der Engel, durch den die Erfüllung des göttlichen Planes beschleunigt wird.

Nach dem Erlangen jener Individualität, welche das Ziel der Tier-Entwicklung ist und die Geburt des menschlichen Egos kennzeichnet, ist der Dienst der Engel für das Menschenreich weitgehend auf die Bildung und Erhaltung der Körper und auf die Einrichtung und Anpassung des Mechanismus des Bewusstseins beschränkt; denn der Mensch hat die Macht, allein zur nächsten Stufe seiner Entwicklung fortzuschreiten, kein äußerer nicht-menschlicher Vermittler kann inneren Beistand gewähren. Der innere Schwingungsunterschied zwischen Menschen und Engeln ist normalerweise zu groß, um eine innere Synchronisierung zu ermöglichen.

Bei der Geburt des Individuums wird der besondere menschliche Ton angeschlagen. Wenn auch Engel bei der Geburt Dienste leisten und helfen, das Instrument zu bauen und zu stimmen, so kann doch, sobald einmal der erste Ton von der menschlichen Monade – kraft eigener Wahl positiv menschlich – angeschlagen ist, nur der Mensch synchron mit dem Menschen schwingen. Daher wird, sobald das menschliche Ego gebildet ist, die spirituelle Hilfe zur verantwortlichen Aufgabe jener, die auf dem Pfad der menschlichen Entwicklung schon weiter vorangeschritten sind.

So wie während der Äonen dauernden Entwicklung von Kraft, Leben und Bewusstsein durch das Mineral-, Pflanzen- und Tierreich Hilfe gewährt wird, so wird auch im Menschenreich die kindliche Menschheit von ihren Älteren Brüdern geführt und inspiriert. In der Kindheitszeit der Menschheit auf Erden stiegen erhabene Wesen, hohe Adepten mit Scharen von Schülern, vom Planeten Venus[30] auf die Erde herab, um diese Aufgabe zu übernehmen. Die menschliche Stufe war vom Tierreich erreicht worden, die zweibeinige menschliche Gestalt war durch die Hilfe der Engel entwickelt worden, aber das Bindeglied eines erwachten Intellektes, das für einen erfolgreichen Selbstausdruck des neugeborenen dreieinigen Ichs wesentlich war, fehlte noch.

Die *Herren der Venus* waren Übermenschen, deren mentale Entwicklung vollendet war. Sie konnten daher das Feuer des Intellektes, das in ihnen schon vollkommen leuchtete, in anderen entzünden. Das mentale Instrument des Menschen wurde durch die Hilfe der Engel nach dem Muster des Archetypus aufgebaut; aber keine Musik entströmte der viersaitigen Leier des mentalen Bewusstseinsträgers, denn das neugeborene Wesen wusste noch nicht, wie es die Saiten anschlagen sollte. Die »Herren der Flamme« von der Venus erfüllten ein zweifaches Helferamt: Sie stimmten die Leier des menschlichen Intellektes auf Erden, und durch das Anschlagen des ersten Tones erweckten sie das menschliche Individuum zu einer Kenntnis des Instrumentes seines Verstandes. Von da ab führten Adepten-Lehrer die kindliche menschliche Rasse und führen sie noch heute. Aus der sichtbaren Gegenwart zogen sie sich, da sie nicht länger vonnöten waren, schon vor langer Zeit zurück; seither haben sie – von den seltenen Besuchen des *Herrn der Liebe*[31] abgesehen – die Menschheit unsichtbar geleitet.

Der menschliche Fortschritt verfolgt einen spiralförmigen Weg: Wenn der Zyklus der materiellen Entwicklung sich der Vollendung nähert, betritt der Mensch einen neuen Zyklus spiri-

---

30 Vgl. das Buch »Der Mensch, woher, wie, wohin?« von A. Besant und C. W. Leadbeater.

31 Als Gründer der großen Weltreligionen.

tuellen Wachstums, in welchem er geistig »wie ein kleines Kind« ist. In seiner spirituellen Kindheit erhält er – wie in den alten Tagen der materiellen Kindheit der Menschheit – Hilfe von außen, und er sieht wiederum seinen Lehrer von Angesicht zu Angesicht. Die Führung von außen wird in dem Zyklus der spirituellen Entfaltung wieder erneuert, und es wird die Beziehung von Schüler und Lehrer eingerichtet.

»Wenn der Schüler bereit ist, erscheint der Lehrer.«

Ausblick

Friede
Schönheit
Der dreieinige Gott

Reinheit, Stärke und Beständigkeit bilden das dreifältige Fundament, auf dem allein ein unerschütterlicher Friede in der Seele begründet werden kann. Friede, heitere Ruhe und Gleichmut sind wesentlich für das Wohlergehen der Seele. Ohne diese ist das Leben etwas Vergebliches. Errungenschaften schwinden wieder dahin, und der Erfolg ist nur ein Traum. Nur in der Stille kann die Seele genährt, nur im Schweigen kann Vereinigung erreicht werden. Innere Ruhe schafft eine sichere Zufluchtsstätte, einen gesicherten Hafen, einen undurchdringlichen Verteidigungswall gegen die lärmende Unrast der Außenwelt. Diese lärmende Unrast der Außenwelt muss als ein beständiger Ansporn dienen, um inneren Frieden zu erlangen.

In der Dunkelheit einer universalen Nacht werden die solaren Welten geboren. In der Dunkelheit der Erde erfolgt das Keimen der Saaten und werden Pflanzen geboren. In der Dunkelheit eines Mutterschoßes wird der Körper eines Kindes geformt. Aus absoluter Dunkelheit tauchen Sonnen, Planeten, Pflanzen und Menschen ans Licht empor. Danach strahlt jeder sein eigenes Licht aus, das in der Dunkelheit der schöpferischen Nacht entzündet worden ist. So geschieht es auch in der schweigenden Erleuchtung der Seele, denn in ihrer spirituellen Bedeutung sind Dunkelheit und Schweigen eins.

In den Ländern des Westens wird das Wachstum der Seele durch die lärmende Unrast behindert. Im Osten wird der Wert des Schweigens verstanden, die Macht des Friedens ist bekannt, und dort kann noch das Leben der Stille geführt werden. Im Westen muss jede Seele ein besonderes Schweigen für sich schaffen und lernen, darin zu verweilen. Lärm stört die Harmonie, die für die Schönheit der Seele wesentlich ist. Er verzerrt die Gestalt aller wachsenden Formen und zerstört ihre Lieblichkeit dadurch, dass er die »Affinität« zwischen dem archetypischen Urbild im universalen Geist und der Form zerstört, die in der Werkstatt der Welt entwickelt wird. Die Myriaden von Kräften, die der erhabene Künstler verwendet, die helfenden Geister, die ihren Lauf lenken – große und kleine Wesen, eigenbewusste und instinktive, Bildner von Universen und von Atomen – sie alle sind für die Vollkommenheit ihrer Arbeit von Rhythmus und völliger Harmonie abhängig.

Missklang erzeugt Hässlichkeit. Nicht die milden Harmonien eines friedlich vollbrachten Menschenlebens, nicht der Klang menschlicher Arbeit, nicht die Musik der Stimmen und nicht der Klang von Menschen geschaffener Werkzeuge, die friedlich benützt und von einem ruhigen Gemüt gelenkt werden, das in Frieden mit Gott ist – denn alle diese bilden eine liebliche Begleitung zu der freudigen Musik der Seele. Aber die künstlichen Geräusche eines künstlichen Lebens, die disharmonischen Klänge einer aufreibenden, fieberhaften und unnatürlichen Tätigkeit – diese erzeugen Hässlichkeit und zerstören den Frieden. Wer gezwungen ist, unter solchen Bedingungen zu leben, muss lernen, sie zu neutralisieren durch die Entwicklung eines inneren Friedens, der fest begründet ist auf Reinheit, Stärke und Beständigkeit.

Es kann keine spirituelle Erleuchtung geben ohne Stille, Sammlung und inneren Frieden. Der Strebende muss daher rein und beständig sein, denn in Reinheit und Beständigkeit wohnt der Friede.

Obwohl das ewige Leben das wirkliche und das zeitliche Alltagsleben das unwirkliche ist, so sind doch jene, die den geistigen Pfad beschreiten wollen, keineswegs von der Verpflichtung befreit, ihr tägliches Leben und ihre unmittelbare Umwelt so schön als möglich zu gestalten. Sie müssen das Leben als ein Kunstwerk ansehen und es jeden Tag immer schöner machen.

Jedes Menschenleben ist ein Teil eines großen Kunstwerkes, an dem der höchste Künstler unentwegt schafft. Die Vollkommenheit seines Werkes hängt von der Vollkommenheit des menschlichen Lebens ab. Wenn der Mensch das Leben durch Hässlichkeit verdirbt, wird auch er erniedrigt, denn es gibt nur *ein* Leben, *einen* Künstler und *ein* Kunstwerk.

Darum darf die Lebensführung nicht außer acht gelassen und die Ethik nicht vernachlässigt werden. Die Ethik ist von höchster Bedeutung, denn es kann keine vollkommene Schönheit ohne eine auf edelste ethische Ideale gegründete Lebensführung geben. Diese Wahrheit gilt für alles Lebensgeschehen, für die großen und für die kleinen Dinge, für die Arbeit eines ganzen Lebens wie für einen Tageslauf, für die achtzig Jahre, die das Ganze ausmachen, und für die einzelnen Tage und Stunden, aus denen diese Jahre bestehen.

Schönheit ist für den freien Ausdruck des Lebens wesentlich, Hässlichkeit hindert seine Erfüllung. Die Schönheit muss klar offenbar und zum Grundton des neuen Zeitalters werden. Sie ist der Schlüssel zur Glückseligkeit, und ohne sie versiegt das Leben, zerfallen Zivilisationen, sterben Völker und welken die Menschen dahin.

Die Schönheit ist das Evangelium des kommenden Tages. Für den Künstler ist diese Erkenntnis nicht neu; für den Staatsmann, den Erzieher, den Wissenschaftler und den Priester ist sie noch ein fernes Ideal. Diese Gestalter des Lebens der Völker müssen noch dazu gebracht werden, die tiefe Notwendigkeit zu erkennen, Schönheit im Mittelpunkt und Umkreis jeder zivilisierten Gemeinschaft zu begründen. Auf diese Weise können die Völker vom Materialismus zur Vergeistigung geführt werden. Die Schönheit wird sie an die Hand nehmen. Das Wirkliche ist in seinem Wesen schön, und das Streben nach Schönheit soll ein Sprungbrett für das Streben nach dem Wirklichen sein.

Schönheit ist eine universale Offenbarung des Lebens, welches allgegenwärtig, welches die Einheit hinter aller Verschiedenheit, welches die uranfängliche eine Wahrheit ist.